Euripide

MÉDÉE

Euripide

MÉDÉE

Introduction et nouvelle traduction
par Christine Mauduit

Illustrations
de Scott Pennor's

PARIS
LES BELLES LETTRES
2025

95 bd Raspail 75006 Paris
www.lesbelleslettres.com

ISBN : 978-2-251-45782-6

INTRODUCTION

Athènes, 431 av. J.-C.

Au printemps de 431 av. J.-C., aux Grandes Dionysies d'Athènes, Euripide présente une trilogie composée de *Médée*, *Philoctète*, *Dictys*, avec le drame satyrique des *Theristai* (*Moissonneurs*)[1]. De ces quatre pièces, *Médée* est la seule à nous être parvenue dans son intégralité. Les autres, qui n'ont subsisté qu'à l'état de fragments, étaient sans rapport avec le mythe de Médée, même si les critiques ont parfois suggéré l'existence de liens thématiques qui auraient pu justifier leur regroupement. À l'époque où Euripide produisait ses pièces, l'heure n'était plus aux trilogies liées[2], et il est sans doute vain de spéculer, à partir du peu qu'il nous en reste, sur le contenu des pièces perdues. Quoi qu'il en soit, cette date de 431 fait de *Médée* l'une des plus anciennes tragédies conservées d'Euripide : elle n'est précédée que par *Alceste*, donnée en 438 av. J.-C. comme quatrième pièce d'une tétralogie, et dont le caractère de tragédie a été questionné dès l'Antiquité. Pour autant, Euripide, qui était né

1. Rappelons qu'en Grèce, à l'époque classique, les tragédies et les comédies étaient représentées dans le cadre de concours, qui avaient lieu principalement à l'occasion des grandes fêtes en l'honneur de Dionysos, le dieu du théâtre. Pour le concours de tragédies des Grandes Dionysies, les trois poètes présélectionnés devaient produire chacun trois tragédies et un drame satyrique. Sur ce contexte des représentations dramatiques, voir J.-Ch. Moretti, *Théâtre et société dans la Grèce antique*, Paris, Le Livre de Poche, 2e éd., 2011.

2. On désigne ainsi un ensemble de trois tragédies représentant trois épisodes différents d'un même mythe, comme l'*Orestie* d'Eschyle, la seule trilogie que nous ayons conservée.

en 480 av. J.-C., n'était plus alors un auteur débutant et sa *Médée* est à tous égards l'œuvre d'un dramaturge en pleine possession de son art. Il est d'autant plus étonnant que cette pièce[3] n'ait pas rencontré les suffrages du public athénien lors de sa représentation : un troisième prix seulement, sur trois concurrents, derrière Euphorion, le fils d'Eschyle, et Sophocle !

Comment expliquer un tel échec, pour une pièce qui a été si admirée depuis l'Antiquité, et qui nous apparaît, à nous autres modernes, au même titre que l'*Œdipe roi* de Sophocle, comme l'un des plus grands chefs-d'œuvre du genre tragique ? Aristote, dans sa *Poétique*, critique la pièce pour des raisons qui sont directement liées à sa théorie de la tragédie : il fustige ainsi le caractère irrationnel de la scène avec Égée[4] et, en un autre passage[5], le dénouement *ex machina*, qui ne résulte pas de l'enchaînement logique des faits, contrairement à l'idéal qu'il préconise pour la composition d'une belle tragédie. Mais il est douteux que ces critiques émises par le philosophe au IVe s. reflètent les réactions du public du Ve s. Le reproche adressé au caractère de Médée, parce qu'elle « fond en larmes après avoir dressé son plan contre Jason et sa femme »[6], se ressent lui aussi de l'influence d'Aristote et de ses réflexions sur l'*èthos* tragique.

C'est sans doute ailleurs que l'on doit chercher – si tant est qu'on le puisse – les raisons de l'insuccès de la pièce. Une première piste est peut-être donnée par les circonstances de sa représentation. Au printemps 431 av. J.-C., la Grèce est à la veille de la guerre du Péloponnèse, ce conflit fratricide dans lequel Athènes et Sparte, avec leurs alliées respectives, allaient s'entre-déchirer pendant près de trente ans. C'est une période de grande tension dans l'ensemble du monde grec et, notamment, dans les relations entre Corinthe et Athènes, dont les intérêts

3. Ou à tout le moins la tétralogie dont *Médée* faisait partie, car le prix était attribué pour l'ensemble et non pour les pièces individuellement.

4. Aristote, *Poétique*, c. 25, 1461b 20-21.

5. Aristote, *Poétique*, c. 15, 1454b 1-2.

6. Argument de Médée, l. 27-29.

s'opposent alors, directement ou indirectement, dans différentes affaires. Il se peut donc que, dans ce contexte d'hostilité ouverte entre Athènes et Corinthe, le choix d'une version du mythe dans laquelle les Corinthiens étaient exonérés du meurtre des enfants de Médée, ait été mal accueilli par le public. Une tradition rapportée par un commentateur ancien veut d'ailleurs qu'Euripide ait été corrompu par les Corinthiens, qui lui auraient versé de l'argent pour qu'il les innocente du meurtre des enfants et en transfère sur Médée la responsabilité.

L'invention de l'infanticide ?

C'est cependant ramener à une raison bien triviale ce qui nous apparaît comme l'innovation la plus marquante de la pièce d'Euripide : l'acte de l'infanticide, qui est à la fois le point culminant de la tragédie et la condition même de la définition de Médée comme personnage tragique. Si les lacunes de la documentation ne permettent pas d'affirmer à coup sûr qu'il en est l'inventeur, le fait est que les versions antérieures du mythe dont nous pouvons avoir connaissance ne font pas de Médée la meurtrière volontaire de ses enfants. Dans les *Korinthiaka*, épopée historique du poète Eumélos de Corinthe (VIIIe s. av. J.-C.)[7], elle les tuait involontairement en croyant les rendre immortels, à la suite d'une promesse que lui avait faite la déesse Héra. Selon la version, différente, rapportée par Créophyle de Samos (VIIe s. av. J.-C. ?)[8], Médée, lorsqu'elle résidait à Corinthe, avait fait périr par ses poisons Créon, le chef de la cité. Redoutant d'être poursuivie par les amis du roi, elle partait se réfugier à Athènes, mais laissait ses enfants, trop jeunes pour la suivre, sur l'autel d'Héra Akraia, dans l'idée que leur père Jason veillerait à leur salut. Les Corinthiens se vengeaient en les faisant périr et en imputant le crime à Médée.

---

7. Fragment 5 Bernabé (*Poetae Epici Graeci. Testimonia et fragmenta*, Stuttgart-Leipzig, 1996) = Pausanias 2.3.11.

8. *Scholie à* Médée, 264.

Le personnage de Médée infanticide, avec toute la complexité et la profondeur tragiques dont il a su le revêtir, apparaît donc bien comme la création géniale d'Euripide, celle qui devait marquer à jamais les réécritures ultérieures de l'histoire. Il est notable que, de toutes celles auxquelles la tragédie grecque a donné lieu, celle de la romancière allemande Christa Wolf[9] soit la seule à innocenter Médée du meurtre de ses enfants.

Un épisode de la geste argonautique

S'il l'a définitivement marquée de son empreinte, c'est sur fond d'une légende déjà largement constituée qu'Euripide a composé son drame. Les témoignages tant littéraires qu'iconographiques attestent en effet qu'au moment où il choisit de la porter à la scène, les principaux épisodes de l'histoire sont déjà connus. Cette préhistoire mythique, qui affleure dans différents passages de la tragédie, crée ainsi autour de la protagoniste des attentes que le dramaturge va s'attacher bien souvent à déjouer, pour surprendre son public. Médée, la fille d'Aiétès, le roi de Colchide[10], et la petite-fille d'Hélios, le Soleil, est une figure-clé de la légende argonautique, qui fait partie du plus ancien patrimoine mythique de la Grèce. Elle entre en scène au moment où Jason et ses compagnons, parvenus en Colchide, s'apprêtent à conquérir la Toison d'or, pour permettre à Jason de recouvrer le trône d'Iolcos[11], usurpé par son oncle Pélias. Tombée amoureuse du héros grec, par le vouloir de la déesse Aphrodite, Médée l'aide à triompher des épreuves imposées par son père Aiétès comme conditions de la cession du précieux talisman : il s'agissait de mettre sous le joug un taureau crachant le feu, d'ensemencer un champ avec les dents du dragon tué par Cadmos, dont naissaient de redoutables guerriers, enfin, de venir à

9. Chr. Wolf, *Medea. Stimmen*, 1996 ; *Médée. Voix*, tr. fr. par A. Lance, R. Lance-Otterbein, Paris, Fayard, 1997.

10. Ancien royaume situé sur la côte orientale de la mer Noire, correspondant à une partie de la Géorgie actuelle.

11. Ville de Thessalie, patrie de Jason.

bout du serpent qui gardait la Toison, sans jamais s'abandonner au sommeil. Médée mobilise, pour ce faire, ses pouvoirs de magicienne, fournissant à Jason un baume qui le protège des brûlures du feu, et endormant le redoutable serpent que le héros n'a dès lors plus de mal à tuer pour s'emparer de la Toison. Entre son père et l'homme grec, c'est ce dernier qu'elle a choisi, et c'est pourquoi elle ne lui pardonnera pas sa trahison ultérieure – thématique centrale de la pièce d'Euripide, nous y reviendrons. Dans l'immédiat, elle s'enfuit avec Jason, et elle n'hésite pas à porter un nouveau coup à sa famille en tuant son frère Apsyrtos, et en dispersant ses membres pour retarder les Colques, lancés à leur poursuite.

Lorsqu'ils arrivent à Iolcos, point de départ et de retour de cette longue expédition, c'est pour apprendre que Pélias a fait périr Æson, le père de Jason, afin de s'assurer le trône. Médée aide Jason à tirer vengeance de son oncle, en le faisant tuer, à leur insu, par ses propres filles : après avoir fait rajeunir sous leurs yeux un vieux bélier, en le découpant en morceaux et en le plongeant dans l'eau bouillante, elle persuade les Péliades d'en faire autant avec leur père. Mais elle omet volontairement, au cours de l'opération, d'utiliser les sortilèges qui en conditionnent la réussite, et Pélias succombe. Cet épisode, maintes fois figuré dans la peinture de vase du VIe s., avait été choisi par Euripide lui-même comme sujet de l'une de ses premières tragédies, les *Péliades*, représentée en 455 av. J.-C., signe de l'intérêt précoce du poète pour le mythe et la figure de Médée. À la suite de ce meurtre, Jason et Médée sont bannis d'Iolcos et se réfugient à Corinthe, auprès de Créon. Nous rejoignons ici le cadre spatio-temporel de la *Médée* d'Euripide. Ajoutons – élément essentiel pour notre pièce – qu'à leur retour en Grèce, Jason et Médée se sont mariés et ont eu deux enfants. C'est sur ces deux fils – dont on ne connaîtra pas le nom, comme c'est généralement le cas pour les enfants dans la tragédie – que va s'abattre le bras vengeur de Médée.

Un sujet original sur la scène tragique

L'originalité d'Euripide, dans le choix du sujet de la *Médée*, ressort d'une brève comparaison avec les tragédies de ses prédécesseurs. Comme Euripide lui-même avec ses *Péliades*, Eschyle et Sophocle avaient traité de certains épisodes de la légende argonautique, dans des pièces que nous n'avons pas conservées. Pour autant qu'on puisse en juger, ces œuvres mettaient au premier plan la figure de la magicienne, usant de ses *pharmaka*[12] à des fins tantôt bénéfiques, tantôt criminelles. Les *Colchidiennes* de Sophocle, qui avaient pour cadre la Colchide, au moment de la conquête de la Toison d'or, comprenaient aussi l'épisode du meurtre d'Apsyrtos par Médée, situé ici dans le palais d'Aiétès. Nous savons par ailleurs, par le témoignage de l'écrivain latin Macrobe (IVe-Ve s. apr. J.-C.), que dans ses *Rhizotomoi* (*Les Coupeurs/Coupeuses de racines*), le même Sophocle décrivait « Médée en train de couper des herbes malfaisantes, mais en se détournant pour éviter de mourir par la force de l'odeur, et en train de verser le suc des herbes dans des vases d'airain »[13]. Quant à l'épisode corinthien traité par Euripide dans *Médée*, « il ne se trouve chez aucun des deux autres » – c'est-à-dire ni chez Eschyle, ni chez Sophocle –, pour reprendre les termes du grammairien Aristophane de Byzance[14], auteur de l'un des arguments[15] de la pièce.

Quelques sources anciennes créditent pourtant de l'invention de ce sujet un autre poète tragique du Ve s., Néophron, auteur, lui aussi, d'une *Médée* dont Euripide se serait inspiré pour sa tragédie. Voici ce que rapporte à ce sujet le premier argument de *Médée* :

---

12. Drogues, au sens positif de remèdes ou au sens négatif de poisons.

13. Macrobe, *Saturnales* 5, 19, 8.

14. Grammairien grec, directeur de la bibliothèque d'Alexandrie au début du IIe s. av. J.-C.

15. On appelle argument (en grec *hypothesis*, « sujet ») un bref texte de présentation de la pièce, rédigé par les éditeurs alexandrins, et transmis par certains de nos manuscrits.

« Euripide passe pour s'être approprié le drame de Néophron, en l'arrangeant, selon Dicéarque dans (le livre 1 ?) de sa *Vie de l'Hellade* et Aristote dans ses *Commentaires.* » Cette tradition qui, comme le donnent à penser les noms de Dicéarque[16] et d'Aristote, semble remonter aux cercles péripatéticiens, est également rapportée par Diogène Laërce[17] et par le dictionnaire byzantin de la *Souda*, à l'article Néophron, où on lit que la *Médée* d'Euripide serait en fait l'œuvre de cet auteur. La question de la relation entre les deux œuvres se pose en effet, du fait que les fragments conservés de la *Médée* attribuée à Néophron présentent les principaux éléments qui fondent l'intrigue de la *Médée* d'Euripide : le meurtre volontaire de ses enfants par Médée ; le caractère de la protagoniste, partagée entre son désir de vengeance et l'amour maternel[18] ; le rôle d'Égée après l'infanticide, même si chez Néophron, à la différence d'Euripide, l'entrée en scène d'Égée est motivée par son désir de consulter Médée pour un oracle d'Apollon qu'il ne sait pas déchiffrer. Certains considèrent cependant que les fragments de la *Médée* « de Néophron » proviennent en réalité d'une tragédie du IVe s. et, même si aucune certitude ne peut être atteinte en la matière, la plupart des érudits modernes tendent à admettre l'antériorité de la *Médée* d'Euripide[19]. Quand on connaît le soin qu'Euripide a mis, tout au long de sa carrière, à renouveler en profondeur les mythes qu'il portait à la scène, on l'imagine assez mal plagiant à grande échelle l'un de ses prédécesseurs et tout bien considéré, la thèse de l'antériorité de sa *Médée* paraît en effet la plus vraisemblable.

16. Philosophe grec, l'un des premiers disciples d'Aristote.

17. *Vies et doctrines des philosophes illustres*, II, 134 : « Aussi font-ils erreur ceux qui prétendent que Ménédème n'avait rien lu sinon la *Médée* d'Euripide, que l'on dit être de Néophron de Sicyone. »

18. Le 2e fragment de la *Médée* de Néophron, qui est assez étendu, est proche du grand monologue du cinquième épisode où Médée balance entre ces deux passions contradictoires.

19. Les fragments attribués à la *Médée* de Néophron et les principaux termes du débat sont présentés par D. J. Mastronarde, *Euripides. Medea*, Cambridge, Cambridge University Press, 2002, p. 57-64.

La Médée *d'Euripide*

La présence, à l'arrière-plan de la pièce, de certains éléments de la tradition mythique, n'en fait que mieux ressortir la singularité des choix opérés par Euripide dans l'élaboration du sujet de sa tragédie et le traitement de la figure de Médée. Nous sommes à Corinthe où Jason et Médée ont été exilés avec leurs deux enfants, à la suite du meurtre de Pélias. Et c'est là que tout bascule. Désireux de s'assurer des conditions de vie plus enviables, Jason répudie Médée et il épouse la fille de Créon, le roi de la cité. Pour se réintégrer en Grèce, après le retour manqué à Iolcos, c'est assurément mieux qu'une épouse barbare. Médée est donc une femme trahie, blessée et qui décide de se venger. Désertée par l'époux, la maison que l'on voit en toile de fond pendant toute la pièce est devenue le lieu de ses souffrances : on l'entend élever ses plaintes à l'intérieur, au début de la pièce. Elle en fera le théâtre sinistre de l'infanticide. C'est ce parcours, de la blessure initiale de Médée au point d'orgue de sa vengeance, que dessine la tragédie.

Le trajet, cependant, est incertain et ménage bien des surprises. Si le désir de vengeance de Médée, d'abord relayé par la nourrice, puis modulé en cris rageurs par la protagoniste, emplit d'emblée l'espace scénique, les modalités de son action sont l'objet d'interrogations, pour les spectateurs, et pour Médée elle-même. Quelles seront ses victimes ? La réponse à cette question n'est pas donnée immédiatement et elle varie au fil de la tragédie. Jason ? C'est à lui que devrait naturellement s'en prendre Médée et il est compris, d'abord, dans un projet destructeur qui englobe en même temps que lui Créon et sa fille. Mais on sent aussi, dès le début de la tragédie, qu'une menace plane sur les enfants. La nourrice, qui connaît bien tout le potentiel de violence présent chez sa maîtresse, s'inquiète de la voir darder sur eux des regards de bête furieuse, et elle cherche à les protéger des atteintes d'une mère que sa colère a dénaturée. Ses craintes ne sont que trop bien fondées. Mais Médée ne sait pas d'abord elle-même jusqu'où va la mener son désir de vengeance.

Son plan s'élabore ainsi sous nos yeux, au rythme de ses délibérations, et à mesure qu'elle surmonte les obstacles à sa réalisation. Il lui faut, d'abord, s'assurer le silence des femmes corinthiennes qui composent le chœur. Par une convention propre à la tragédie grecque, et qui ne connaît que de rares exceptions, le chœur, à partir du moment où il entre dans l'orchestra[20], y reste présent jusqu'à la fin de la tragédie, ce qui fait de lui le témoin et donc, potentiellement, le dénonciateur de toutes les actions des protagonistes. L'acquiescement silencieux des Corinthiennes, Médée l'obtient en reliant la trahison dont elle est victime de la part de Jason à un discours général sur l'inégalité des hommes et des femmes dans le mariage. L'art consommé avec lequel elle fait alterner, dans sa tirade, ce propos général et l'exposé de sa situation singulière d'étrangère et d'exilée donne d'emblée la mesure de sa *sophia* (savoir, habileté). Sa rhétorique est efficace : les femmes lui donnent raison contre Jason et la prennent en pitié. C'est qu'il n'est pas officiellement question, pour l'heure, de s'en prendre aux enfants.

Ce qui précipite le déclenchement de l'action de vengeance est l'arrêt d'expulsion pris par Créon contre Médée et ses enfants. Face à ce premier ennemi, Médée déploie une palette de moyens, verbaux et gestuels, qui montrent sa capacité à s'adapter très rapidement aux circonstances – ce que les Grecs appellent l'art du *kairos* –, à identifier les faiblesses de son interlocuteur et à les retourner à son avantage. Tout roi qu'il est, Créon a perdu dès qu'il accepte de dialoguer avec elle. De fait, Médée, tout en feignant de se soumettre à son autorité, parvient à lui extorquer un jour de délai. Ce sera le jour de sa vengeance, ainsi qu'elle le révèle au chœur à l'issue de la scène. Dans les limites étroites imposées à son action, Médée prend ainsi, pour un jour, la maîtrise du temps. On entre dans la temporalité de l'action tragique.

20. L'orchestra (littéralement « place de danse ») est la surface de terre battue, située entre le bâtiment de scène et le bas des gradins, où le chœur évolue pendant la représentation.

Après une très vive altercation avec Jason, où l'on voit s'opposer, dans la forme conventionnelle de la scène d'affrontement (*agōn*[21]), les points de vue irréconciliables des deux époux sur les événements passés et présents – Jason répondant aux accusations d'ingratitude de Médée par l'énumération des avantages qu'elle a tirés de son arrivée en Grèce –, le dernier obstacle à la mise en œuvre de la vengeance est levé au troisième épisode, avec l'arrivée d'Égée. Mis au courant par Médée de la trahison de Jason, ce dernier se rallie à sa cause et lui offre un asile à Athènes. Elle a su trouver l'argument pour le convaincre, en lui promettant d'user de ses philtres magiques pour mettre fin à l'infertilité de son couple. Voilà donc Médée pourvue du refuge dont elle avait besoin pour garantir sa sécurité après l'exécution de sa vengeance. La question de l'espace est réglée à son tour. Seul le moyen pour se rendre à Athènes est laissé à sa charge. Égée ne veut pas, en le lui fournissant, risquer de s'aliéner les Corinthiens. Ce n'est pas un problème pour la petite-fille du Soleil.

L'échange avec Égée a-t-il joué un rôle dans sa décision de tuer ses enfants ? Rien ne permet, bien sûr, de savoir à quel moment précis ce projet monstrueux a germé dans l'esprit de Médée. La menace couvait, nous l'avons vu, dès les premiers instants. Mais il est possible que la situation du roi d'Athènes lui ait suggéré cette idée radicale, en lui faisant sentir, à travers son désarroi, toute la force du désir d'enfants. Tel sera donc le couronnement de sa vengeance : plutôt que tuer Jason, le faire périr en sa lignée, en le privant des enfants qu'il a eus avec elle. C'est ainsi qu'après la sortie d'Égée, elle annonce au chœur son plan, conçu en deux temps : d'abord, le meurtre de la nouvelle épouse de Jason et de quiconque la touchera, au moyen d'une parure nuptiale enduite de poison ; puis le meurtre de ses fils, qu'elle présente comme une nécessité

21. Scène tragique codifiée, qui voit deux personnages opposer leurs points de vue (*agōn* signifie en grec la lutte, le combat), dans deux tirades antithétiques, généralement suivies par un dialogue rapide où les tensions s'exacerbent. C'est un type de scène fréquent dans les tragédies d'Euripide.

inéluctable, si douloureuse qu'elle puisse être pour elle-même. Pour Jason, l'anéantissement sera total : son passé, son présent et son futur vont sombrer d'un coup dans ce massacre. Elle ne se serait pas satisfaite à moindre prix. En l'espace d'un instant, on voit ainsi Médée passer du rôle bénéfique de pourvoyeuse d'enfants au rôle abominable de mère infanticide.

Cette seconde décision lui aliène le soutien des femmes du chœur et Médée se retrouve seule devant l'acte à accomplir. Mais la machine infernale est lancée et elle ira jusqu'au bout, avec cynisme et détermination. La voilà à nouveau devant Jason : elle joue cette fois la comédie de la réconciliation, prend la posture de la femme soumise et feint d'épouser son point de vue d'homme pour endormir sa méfiance. La victoire est facile face à un Jason naïvement sûr de lui et incapable de flairer la ruse. Médée n'hésite pas, ensuite, à instrumentaliser ses enfants au service du premier meurtre en leur faisant porter à la nouvelle épouse le présent fatal. À quel moment a-t-elle enduit de poison la robe nuptiale ? Le texte ne le dit pas et Euripide ne semble pas avoir ménagé de temps précis pour cette action. Les critiques s'en étonnent, mais on peut douter que les spectateurs aient prêté attention à ce détail, dans la dynamique de la représentation. C'est qu'à la différence de Sénèque, la mise en scène de la figure de Médée magicienne n'intéresse que modérément le dramaturge grec. Mais l'efficacité des pouvoirs magiques de Médée, garantie par la tradition et rappelée plusieurs fois dans la tragédie, n'est pas en cause.

Lorsque le Pédagogue revient avec les enfants, encore ignorants de l'issue fatale de leur mission, Médée connaît un moment de doute et d'abattement, en décalage avec le cours apparemment heureux des choses. Dans un monologue extrêmement poignant, qui est le moment le plus fort de toute la tragédie, elle expose à cœur ouvert, mais dans un langage qui doit rester obscur à ses enfants, la lutte que se livrent en elle ses sentiments de mère et son désir de vengeance, son amour pour ses fils et son orgueil de femme trahie. En l'espace de quelques vers, on la voit basculer plusieurs fois d'un sentiment à l'autre. La présence sur scène de ses enfants joue un rôle essentiel dans ses vacillements. Euripide fait ainsi de l'esprit et du cœur de Médée le lieu ultime du conflit tragique, dans ce dialogue que l'héroïne conduit avec elle-même. Mais la perspective du rire de l'ennemi lui fait bientôt rejeter comme une lâcheté la tentation du renoncement ; Médée ne veut pas tomber elle-même au piège de ces *malthakoi logoi*, ces propos doucereux, grâce auxquels elle a circonvenu successivement Créon et Jason. C'est son *thumos*[22] qui aura le dernier mot. Le sort des enfants est scellé.

Entre-temps, la jeune épouse est morte dans d'atroces souffrances, et avec elle Créon, atteint à son tour par la morsure du poison, lorsqu'il embrassait sa fille en une ultime étreinte. La parole du messager fait résonner dans l'espace scénique le récit terrifiant de leurs derniers instants.

Le meurtre des enfants a lieu dans la maison. On les entend appeler au secours et crier. Le chœur, à l'extérieur, est paralysé par l'impuissance. Il est trop tard. L'horreur est consommée.

Mais Euripide ménage une dernière surprise, à Jason et aux spectateurs. Au début de l'*exodos*[23], alors que Jason, tout juste informé du meurtre de sa nouvelle épouse, se rue sur les portes de la maison pour se saisir de la coupable, Médée apparaît en hauteur, sur le char du Soleil, portant avec elle le cadavre de ses enfants. L'utilisation de la machine (*mēchanē*[24]), traditionnellement employée au théâtre pour les apparitions des dieux, permet ici de faire sentir la supériorité qu'elle doit à son ascendance divine. Littéralement terrassé par la découverte de l'infanticide, Jason n'a plus d'autre arme que les mots pour tenter d'atteindre encore Médée. Avec toute la haine que nourrit sa douleur, il dénonce, entre les cris et les larmes, la nature monstrueuse de Médée, à l'œuvre, selon lui, dès le début de leur histoire. Médée n'a que faire de ses insultes. Jason a tout perdu. Elle est vengée. Elle peut triompher et partir pour Athènes. Mais on sait que l'histoire ne finira pas là.

22. Mot qui désigne ici le siège des sentiments et des passions.
23. Dernière partie de la tragédie, qui suit le dernier chant du chœur.
24. Sorte de grue utilisée au théâtre pour élever des personnages dans les airs.

Notre traduction

La tragédie est un genre poétique, qui utilise une langue et des types de vers différents pour les parties parlées, récitées et chantées. Sans prétendre restituer ces rythmes, la traduction proposée ici adopte une disposition vers à vers, qui donne une idée de la manière dont Euripide utilise le cadre versifié pour produire certains effets de sens, en jouant sur la place des mots, les associations, les disjonctions, les échos ou les renversements, dans le cours d'une tirade ou dans le dialogue entre les personnages. Comme ses prédécesseurs Eschyle et Sophocle, Euripide intègre dans sa langue des traits hérités des traditions poétiques antérieures, épiques (en particulier dans les récits de messager) et lyriques (dans les chants du chœur). Mais sa langue est également perméable aux formes de discours en usage dans l'Athènes de son temps : l'éloquence judiciaire et les modes d'expression développés par ces professionnels de la parole que l'on nomme les sophistes infusent ainsi bien des passages de la tragédie. Ils caractérisent en particulier le langage de Médée, dont la science réside essentiellement, chez Euripide – et c'est là une innovation remarquable par rapport à l'image traditionnelle de la magicienne –, dans la maîtrise qu'elle possède de la parole : telle est l'arme qu'elle déploie face aux différents interlocuteurs qu'elle doit circonvenir pour mettre en œuvre son plan de vengeance. C'est cette polyphonie de la langue d'Euripide que notre traduction tente de restituer et de rendre perceptible à un lecteur ou un spectateur du XXIe s. Nous avons constamment eu à l'esprit sa possible mise en voix, dans l'idée qu'elle franchirait peut-être un jour l'épreuve de la rampe.

La traduction se fonde sur le texte grec de l'édition de Louis Méridier, dans la Collection des Universités de France (Les Belles Lettres, 1re édition 1926). Les italiques sont utilisées pour les parties chantées. Les vers suivants, considérés comme inauthentiques par la plupart des éditeurs, n'ont pas été traduits : 87, 246, 262,

304, 468, 1062-1063. À la différence de Méridier, nous avons en revanche maintenu et traduit les vers 40-43, 355-356, 782, 949, 1006-1007, 1045, 1387.

Un grand merci, pour leur lecture et leurs remarques, à Marie-France Barbieux, Julien Bocholier, Arsène Cazé, Marthe Garzón, Jean-Charles Moretti, François Ové, Rossella Saetta Cottone, Claude Trautmann.

À la mémoire de ma mère,
à Adèle.

PERSONNAGES

La Nourrice

Le Pédagogue

Médée

Chœur de femmes de Corinthe

Créon

Jason

Égée

Un messager

Les deux enfants

La scène se passe à Corinthe,
devant la maison de Médée.

PROLOGUE[1]

La Nourrice

Si seulement la nef Argo n'avait pas volé
vers la terre de Colchide[2] en franchissant les Symplégades[3] couleur
[de nuit !
Si seulement, dans les vallons boisés du Pélion[4], jamais le pin
[n'était tombé
sous la hache, pour munir de rames les mains
des héros qui partirent chercher la Toison d'or
sur l'ordre de Pélias[5] ! Alors, ma maîtresse,
Médée, n'aurait pas navigué vers les murailles d'Iolcos,
le cœur affolé d'amour pour Jason.
Elle n'aurait pas non plus persuadé les filles de Pélias de tuer
leur père[6], et n'habiterait pas cette terre de Corinthe

1. Partie parlée de la tragédie qui précède l'entrée du chœur.

2. Région située sur la rive orientale de la mer Noire (correspondant partiellement à la Géorgie actuelle), royaume du roi Aiétès, père de Médée.

3. Litt. « [les roches] qui s'entrechoquent ». Nom donné aux roches situées de part et d'autre du détroit du Bosphore, à l'entrée de la mer Noire. Elles se refermaient sur les navires qui tentaient de les franchir et les écrasaient, jusqu'à ce que le navire Argo parvienne à les traverser, à la suite de quoi elles restèrent définitivement immobiles.

4. Montagne située en Thessalie, dans le nord de la Grèce.

5. Roi d'Iolcos, en Thessalie, oncle de Jason et meurtrier de son père Æson ; il avait envoyé Jason chercher la Toison d'or, dans l'espoir de se débarrasser de lui pour ne pas avoir à lui céder le trône.

6. Pour aider Jason à se venger de son oncle, Médée avait persuadé les filles de Pélias qu'elles pourraient rajeunir leur père grâce à des philtres magiques, en le faisant bouillir dans un chaudron. Le résultat fut, comme on s'en doute, fatal à Pélias.

avec son mari et ses enfants. Elle ne devrait pas plaire
aux citoyens dont le pays l'a accueillie dans son exil,
ni s'entendre en toutes choses avec Jason.
Car c'est bien là la condition du salut pour une femme :
éviter le désaccord avec son mari.
Mais aujourd'hui, tout lui est hostile, et le mal la frappe en son [bien le plus cher.
Trahissant ses enfants et ma maîtresse
pour partager sa couche avec une épouse royale,
Jason a épousé la fille de Créon, le maître de ce pays.
Et Médée, la malheureuse, victime de cet outrage,
invoque à grands cris les serments. Elle rappelle les mains unies,
gage suprême de foi, et prend les dieux à témoin :
elle est belle, la récompense qu'elle obtient de Jason !
Elle reste étendue, refusant toute nourriture, le corps livré à la douleur,
et consumant tous ses jours dans les larmes,
depuis qu'elle se sait lésée par son époux.
Elle ne lève pas les yeux et ne détache pas du sol
son visage ; pas plus qu'un rocher ou qu'une vague
marine, elle ne prête l'oreille aux conseils de ses amis.
Parfois, seulement, elle tourne sa gorge blanche et,
ne parlant qu'à elle-même, elle pleure son père chéri,
sa terre et sa maison, qu'elle a trahis pour suivre
un homme qui à présent n'a plus pour elle que mépris.
Elle a appris, l'infortunée, à l'épreuve du malheur,
combien il est précieux de n'être pas privé de sa patrie.
Elle abhorre ses enfants, loin de se réjouir à leur vue.
J'ai peur qu'elle ne médite un coup inattendu ;
car son âme est violente, et elle ne supportera pas
de se voir infliger cet affront. Je la connais et je crains
qu'elle ne s'enfonce dans le foie[7] un poignard aiguisé,

7. Le foie est considéré par les Grecs comme l'organe vital par excellence. La première crainte exprimée par la Nourrice est que Médée ne se suicide.

en pénétrant en silence dans la chambre où le lit est dressé,
ou qu'elle ne tue la princesse et le mari,
et ne s'attire ainsi un surcroît de malheur[8].
C'est qu'elle est redoutable. Et celui qui lui déclare
les hostilités ne chantera pas facilement victoire.
Mais voici les enfants. Ils étaient allés courir
et ils reviennent ici, inconscients des malheurs
de leur mère : un jeune esprit n'a pas l'habitude de souffrir.

(Entrent les deux fils de Médée, avec un vieil esclave.)

Le Pédagogue

Toi qui depuis longtemps appartiens à la maison de ma maîtresse,
pourquoi es-tu là, debout devant la porte, toute seule,
à lancer pour toi-même des plaintes sur tes maux ?
Comment Médée consent-elle à rester seule, privée de ta présence ?

La Nourrice

Vieillard attaché aux pas des enfants de Jason,
les bons esclaves sont à la peine, lorsque la partie tourne mal
pour leurs maîtres, et leur cœur en est à son tour atteint.
Moi en tout cas, j'en suis arrivée à un tel degré de douleur
que le désir m'a prise de venir dire ici à la Terre
et au Ciel l'infortune de ma maîtresse.

Le Pédagogue

La malheureuse ne cesse donc toujours pas de gémir ?

8. Certains éditeurs considèrent tout ou partie des vers 38-43 comme une interpolation (portion de texte n'appartenant pas à l'original), du fait qu'ils sont partiellement répétés aux vers 379-380.

La Nourrice

J'envie ton ignorance. Sa peine en est à son début, même pas [encore à la moitié.

Le Pédagogue

Pauvre folle ! … s'il faut parler ainsi des maîtres.
Elle ne sait rien de ses nouveaux malheurs.

La Nourrice

Qu'y a-t-il vieillard ? Ne refuse pas de t'expliquer.

Le Pédagogue

Rien. Je regrette même déjà ce que je viens de dire.

La Nourrice

Je t'en supplie, ne cache rien à ta compagne d'esclavage.
S'il le faut, je garderai le silence sur tout cela.

Le Pédagogue

J'ai entendu dire – sans avoir l'air d'écouter,
je m'étais approché de l'endroit où l'on joue aux dés, là où les anciens
vont s'asseoir, autour de la fontaine sacrée de Pirène[9]…
Quelqu'un disait que ces enfants allaient être chassés du territoire [de Corinthe
avec leur mère par le maître de ce pays,
Créon. Ce qu'il racontait là, est-ce vrai ?
Je ne sais pas, et je voudrais qu'il n'en soit rien.

9. Fontaine monumentale de Corinthe, connue en particulier dans la mythologie grecque comme le lieu de la capture du cheval ailé Pégase par le héros Bellérophon.

La Nourrice

Et ce sort, Jason supportera de le voir tomber
sur ses fils, même s'il est en désaccord avec leur mère ?

Le Pédagogue

Les anciennes alliances sont évincées par les nouvelles,
et cet homme n'est pas un ami pour notre maison.

La Nourrice

Alors nous sommes perdus si nous devons ajouter un malheur
nouveau à l'ancien avant d'avoir fini d'endurer le premier.

Le Pédagogue

Toi, justement… Il n'est pas temps que notre maîtresse
le sache. Alors tiens-toi tranquille, et reste muette là-dessus.

La Nourrice

Enfants, entendez-vous comment votre père vous traite ?
Puisse-t-il mour… non, je ne peux pas dire ça, c'est mon maître.
Mais en tout cas, il est pris en flagrant délit de traîtrise envers [les siens !

Le Pédagogue

Qui n'agit ainsi en ce monde ? Tu découvres à l'instant cette vérité
que chacun s'aime davantage que son prochain,
lorsque tu vois qu'un nouveau lit a supplanté chez leur père l'amour [de ses enfants ?

La Nourrice

Allez, mes enfants, tout ira bien, entrez dans la maison.
Mais toi, tiens-les à l'écart, le plus possible,
et ne les laisse pas approcher d'une mère abattue.

Je l'ai déjà vue leur lancer des regards de taureau,
comme si elle s'apprêtait à s'en prendre à eux. Sa colère ne cessera pas,
je le sais, avant d'avoir foudroyé quelqu'un.
Puisse-t-elle seulement s'en prendre à ses ennemis, et non à ses amis !

Médée *(de l'intérieur de la maison)*[10]

Ah, malheur !
Pauvre de moi, misérable, quelles peines !
Ah, malheur, malheur à moi ! Si seulement je pouvais mourir !

La Nourrice

Voilà, c'est bien cela, chers enfants ! Votre mère
excite son cœur, elle excite sa colère.
Hâtez-vous, plus vite, dans la maison !
N'approchez pas à portée de son regard,
ne vous présentez pas devant elle ; gardez-vous
de son humeur sauvage et de l'odieuse nature
de ce cœur arrogant.
Allez donc, rentrez au plus vite.
Il est clair que la nuée de sanglots qui commence
à s'élever déferlera bientôt
avec une fureur redoublée. Que va-t-elle bien faire,
cette âme gonflée d'orgueil, implacable,
sous la morsure du malheur ?

Médée *(de l'intérieur)*

Ah !
Quels coups, infortunée, quels coups j'ai reçus,
dignes de longues plaintes ! Enfants maudits
d'une mère odieuse, puissiez-vous périr
avec votre père, et toute la maison aller à sa ruine !

10. Les paroles prononcées par Médée quand elle est dans la maison sont chantées, d'où l'utilisation des italiques.

La Nourrice

Ah, malheur, malheur à moi ! Ah, infortunée !
Quelle part tes fils ont-ils donc à la faute
de leur père ? Pourquoi les hais-tu, eux ? Ah,
mes enfants, que je souffre à l'idée qu'il vous arrive malheur !
Les volontés des rois sont redoutables.
Comme ils reçoivent peu d'ordres et commandent souvent,
ils ont du mal à renoncer à leurs colères.
L'habitude de vivre dans l'égalité
est bien préférable. Moi en tout cas, je souhaite
vieillir non pas dans l'opulence, mais en sécurité.
La mesure, voilà un nom qui remporte la palme,
rien qu'à le prononcer ; et le mettre en pratique, c'est de loin
ce qu'il y a de mieux pour les mortels. L'excès, au contraire,
ne vaut aucun avantage aux hommes.
Plus grande est la ruine dont il vous paie,
lorsqu'un dieu déchaîne sa colère contre une maison.

(Entre le chœur, composé de quinze femmes de Corinthe.)

PARODOS[11]

LE CHŒUR

J'ai entendu la voix, j'ai entendu le cri
de l'infortunée Colchidienne. N'est-elle pas encore
radoucie ? Allons, vieille, parle.
À l'intérieur de la demeure à double porte, j'ai entendu
sa plainte. Et je suis loin de me réjouir, femme,
des peines de cette maison,
qui m'est devenue chère.

LA NOURRICE

Il n'y a plus de maison. Tout cela est loin désormais.
Lui, un lit royal le possède,
tandis que dans sa chambre, ma maîtresse consume son existence,
sans laisser aucun de ses amis
lui dire des mots qui réchauffent son cœur.

MÉDÉE *(de l'intérieur)*

Ah !
Que la flamme céleste me traverse
la tête ! Quel profit ai-je encore à vivre ?
Ah ! Ah ! Je voudrais quitter, par une mort
libératrice, une existence odieuse !

11. Chant d'entrée du chœur.

Le Chœur

str.[12] *As-tu entendu – ô Zeus, terre et lumière ! –*
quelle clameur module
l'épouse infortunée ?
Quel désir te prend donc
de la couche détestable[13]*, pauvre folle !*
Veux-tu hâter le terme de la mort ?
Ne forme pas un tel vœu.
Si ton époux honore un lit nouveau,
n'aiguise pas pour autant ta colère contre lui.
C'est Zeus qui, dans cette affaire, défendra ta cause.
Ne te consume pas trop à pleurer ton époux.

Médée *(de l'intérieur)*

Puissante Thémis[14] *et toi, Artémis souveraine*[15],
voyez-vous ce que je souffre, après m'être, par de puissants serments,
attaché l'exécrable
époux ? Lui et la jeune épouse, que je les voie un jour
mis en pièces avec le palais,
pour oser prendre contre moi l'initiative d'une injure !
Ô mon père, ô ma cité, loin desquels j'ai été transportée,
après avoir honteusement tué mon propre frère[16] *!*

---

12. Str. est mis pour strophe, de même que ant. au v. 173 est mis pour antistrophe. Ces termes indiquent que les deux parties correspondantes du chant du chœur sont composées sur le même rythme ; c'est ce que l'on appelle la *responsio* strophique, qui est le principe de composition de la plupart des chants du chœur dans la tragédie grecque.

13. Allusion à la mort, qui est souvent représentée comme un mariage avec Hadès, le dieu des Enfers.

14. Déesse de la justice et de la loi divine.

15. Nous avons conservé ici le texte des manuscrits. Certains éditeurs corrigent en « Ô grand Zeus et toi, Thémis souveraine », pour rétablir la cohérence avec le vers 169, où la Nourrice dit que Médée invoque Thémis et Zeus. Le texte de ce vers était déjà controversé dans l'Antiquité.

16. Allusion au meurtre de son frère Apsyrtos, perpétré par Médée en Colchide, pour faciliter la fuite de Jason après la conquête de la Toison d'or.

La Nourrice

Entendez-vous ce qu'elle dit, de quels cris elle invoque
Thémis, la gardienne des vœux, et Zeus, que les mortels
considèrent comme l'intendant des serments ?
Pas de doute : il faudra plus qu'une petite compensation
pour que ma maîtresse mette fin à sa colère.

Le Chœur

ant. *Comment obtenir qu'elle se présente à nos yeux,*
et qu'elle accueille le son de nos paroles ?
Peut-être alors renoncerait-elle à la colère qui alourdit son cœur,
et au projet conçu par son esprit.
Que ma bonne volonté, du moins,
ne fasse pas défaut à mes amis !
Va, fais-la sortir et amène-la ici.
Dis-lui bien que nous sommes des amies.
Hâte-toi, avant qu'elle n'ait fait du mal
à *ceux qui sont dans la maison ; car voici que sa douleur redouble d'élan.*

La Nourrice

Je vais faire ce que tu me dis. Mais je crains de ne pouvoir
persuader ma maîtresse.
Je m'y emploierai, pour te faire plaisir.
Pourtant, elle jette sur ses servantes le regard
farouche d'une lionne qui a mis bas, lorsque l'on
s'approche d'elle en voulant lui parler.
En disant sots et dénués de toute sagesse
les hommes d'autrefois, on ne se tromperait pas.
Car ils ont su inventer des hymnes pour les festins,
pour les banquets, dans les dîners,
afin qu'en les entendant, on trouve du charme à la vie.
Mais les chagrins odieux des mortels, personne
n'a trouvé comment les apaiser par la musique et par les mille
modulations du chant, alors qu'ils sont à l'origine des morts

et des destins affreux qui font chanceler les maisons.
Ce sont ces maux, pourtant, que les mortels gagneraient
à guérir par leurs chants. Mais au milieu d'un banquet
bien servi, à quoi bon faire résonner son chant ?
La satiété immédiate que procure
le repas suffit, à elle seule, à mettre les mortels en joie.

Le Chœur

J'ai entendu la clameur plaintive des longs sanglots,
les cris aigus de douleur, de peine, qu'elle lance
contre le mauvais époux, traître à sa couche ;
elle invoque, sous le coup de l'injure,
la Thémis de Zeus, gardienne des serments, qui l'a menée
en Grèce, de l'autre côté du détroit,
à travers l'onde nocturne, jusqu'à la porte salée
qui ouvre sur la mer infinie.

(Médée sort de la maison.)

PREMIER ÉPISODE[17]

MÉDÉE

Femmes de Corinthe, je suis sortie de la maison
pour ne pas être en butte à vos reproches. Car je connais bien des gens
qui se donnent de grands airs, les uns loin des regards,
les autres, en public. Mais il y en a aussi qui s'attirent une fâcheuse [réputation
d'insouciance, parce qu'ils se tiennent tranquilles.
La justice ne réside pas dans les yeux des mortels :
avant d'avoir sondé à fond le cœur d'un homme,
on le prend en haine, sur un simple coup d'œil, sans avoir subi de [sa part la moindre injure.
Il faut d'ailleurs que l'étranger se fasse résolument l'allié de sa [cité d'accueil.
Je n'approuve pas non plus le citoyen qui, tout gonflé de sa personne,
est plein de fiel pour ses concitoyens, par pure sottise.
Pour moi, l'événement inattendu qui me frappe
me laisse l'âme brisée. Je suis anéantie, j'ai perdu
la joie de vivre et je désire mourir, mes amies.
Celui qui était tout pour moi, je m'en rends bien compte,
s'est révélé le pire des hommes, lui, mon époux !
De tous les êtres doués de vie et de pensée,
nous sommes, nous les femmes, l'espèce la plus misérable.

17. « Épisode » est le nom donné, à la suite d'Aristote, aux principales parties parlées de la tragédie.

D'abord, il nous faut, à coup d'enchères,
acheter un mari[18], et donner un maître
à notre corps ; c'est ajouter à un malheur un malheur plus affreux.
Là en effet réside le plus grand risque : en a-t-on pris un mauvais
ou un bon ? Car les séparations ne sont pas un titre de gloire
pour les femmes, et il ne leur est pas possible de répudier un époux.
Or, quand on entre dans des habitudes et des lois nouvelles,
il faut être devin pour savoir, sans l'avoir appris chez soi,
comment se comporter au mieux avec son compagnon de lit.
Si, grâce aux efforts que nous déployons,
notre mari vit avec nous sans ressentir la contrainte du joug,
c'est une existence enviable. Sinon, il faut mourir.
L'homme, lui, quand il en a assez de partager la vie de la maison,
n'a qu'à en sortir pour faire cesser le dégoût qui emplit son cœur.
Mais nous, nous sommes forcées de n'avoir d'yeux que pour un [seul être.
On dit que nous menons une vie sans périls
dans nos maisons, tandis qu'eux brandissent la lance dans les combats.
C'est mal en juger. Car je préférerais m'aligner trois fois,
le bouclier au flanc, plutôt que d'enfanter une seule fois !
Mais il est vrai que le même discours ne s'applique pas à toi et à moi.
Toi, tu as ici une cité, une maison paternelle,
les plaisirs de la vie, et des amis pour t'entourer :
moi, je suis seule, sans cité, et je suis outragée
par un époux qui m'a ravie à une terre barbare.
Et je n'ai ni mère, ni frère, ni parent
auprès de qui trouver un havre dans le malheur qui me frappe.
Tout ce que je veux obtenir de toi,
au cas où se découvrirait à moi quelque voie, quelque moyen
de faire payer à mon mari le prix des maux que j'endure,
c'est ton silence. La femme est, en général, pleine de crainte,

18. Allusion anachronique au régime de la dot, en usage au ve s. av. J.-C. ; dans le monde héroïque, c'était le prétendant qui faisait des présents à la famille de la mariée.

lâche à la lutte et à la vue du fer.
Mais lorsque c'est à son lit que l'on fait injure,
il n'y a pas d'âme plus sanguinaire que la sienne.

LE CHŒUR

Je ferai ce que tu me demandes ; car c'est à bon droit que tu feras
[payer ton mari,
Médée. Et je ne m'étonne pas de t'entendre déplorer ton infortune.
Mais je vois justement Créon, le maître de cette terre,
qui s'avance pour annoncer des décisions nouvelles.

(Créon arrive avec une escorte.)

CRÉON

Toi, la sombre face, qui n'es que rage contre ton époux,
Médée, voici mes ordres : tu quittes cette terre
pour l'exil, en emmenant avec toi tes deux enfants,
et sans tarder. C'est moi qui veille à l'exécution
de cette sentence, et je ne regagnerai pas mon palais
avant de t'avoir jetée hors de nos frontières.

MÉDÉE

Ah ! ma ruine est complète, malheureuse, je suis anéantie !
Voici que mes ennemis larguent toutes les amarres,
et pour échapper à ce désastre, je ne vois aucun port où je puisse
[aisément débarquer !
Laisse-moi, malgré le coup qui me frappe, te poser une question :
pourquoi me chasses-tu de ce pays, Créon ?

CRÉON

J'ai peur de toi – inutile de se cacher derrière les mots –,
j'ai peur que tu ne fasses à ma fille un mal irrémédiable.
Plusieurs raisons me le font craindre :
tu es savante, experte en bien des maléfices,

et tu souffres de te voir dépossédée du lit conjugal.
J'entends dire – on me le rapporte – que tu menaces de quelque coup
celui qui a donné sa fille, l'époux, et l'épouse.
Je veux m'en garder, avant d'avoir à le subir.
Mieux vaut pour moi, femme, encourir aujourd'hui ta haine,
que de me montrer faible, et d'avoir à le déplorer après coup.

Médée

Ah ! Malheur !
Ce n'est pas la première fois aujourd'hui, mais bien souvent déjà, Créon,
que ma réputation m'a nui et causé de grands torts.
Non, jamais un homme que la nature a doué d'une droite raison
ne devrait faire donner à ses enfants un savoir qui dépasse la mesure.
Outre le grief d'oisiveté qu'on formule contre eux,
ils y gagnent la jalousie et la malveillance de leurs concitoyens.
Si tu apportes à des ignorants des savoirs nouveaux,
tu passeras pour inutile, et non pour savant.
Si en revanche on te juge supérieur à ceux qui passent pour détenir
un savoir varié, on te regardera comme un fâcheux dans la cité.
Moi-même, c'est le sort que j'ai en partage.
Mon savoir me vaut la jalousie des uns,
et l'hostilité des autres ; pourtant, je ne suis pas très savante !
Mais toi, tu me redoutes. Tu crains de moi quelque écart.
Ne tremble pas devant moi, Créon : la situation dans laquelle je [me trouve
ne me permet pas de manquer à des souverains.
D'ailleurs, quel tort m'as-tu fait, toi ? Tu as donné
ta fille à celui qui plaisait à ton cœur. C'est mon époux
que je hais. Mais toi, la raison a guidé ta conduite, je crois.
Et aujourd'hui, je ne suis pas jalouse de ton bonheur.
Célébrez les noces, tous mes vœux de bonheur ! Mais ce pays,
laissez-moi l'habiter. Malgré l'injure que j'ai subie,
je me tairai, vaincue par de plus puissants que moi.

CRÉON

Tes paroles sont douces à entendre, mais je tremble
qu'au fond de ton cœur, tu ne médites un mauvais coup.
Et j'ai encore moins confiance en toi qu'auparavant.
Une femme exaspérée par la colère – et un homme tout aussi bien –,
on s'en garde plus facilement que d'une habile qui se tait.
Allons, pars au plus vite, et cesse de discourir !
Ma décision est arrêtée, et aucun artifice ne te permettra
de rester chez nous, quand tu me veux du mal.

MÉDÉE

Pas cela, je t'en supplie par tes genoux[19], par la nouvelle épouse !

CRÉON

Tu parles en pure perte. Tu ne pourras jamais me convaincre.

MÉDÉE

Tu vas donc me chasser, sans aucun égard pour mes prières ?

CRÉON

Oui, car tu ne m'es pas plus chère que ma maison.

MÉDÉE

Ô ma patrie, comme ton souvenir s'impose à moi en cet instant !

CRÉON

À part mes enfants, c'est pour moi aussi, de beaucoup, le bien le [plus cher.

19. Allusion au geste de supplication consistant à toucher les genoux de la personne que l'on supplie.

MÉDÉE

Ah ! malheur ! quel grand mal pour les mortels que leurs amours !

CRÉON

À mon avis, cela dépend des circonstances.

MÉDÉE

Zeus, puisses-tu ne pas ignorer l'auteur de mes maux !

CRÉON

Va-t'en, pauvre folle, et délivre-moi de mes tourments.

MÉDÉE

Les tourments, c'est nous qui les avons, et nous n'en avons pas [besoin en plus.

CRÉON

Dans un instant, mes gens vont se saisir de toi et t'expulser de force.

MÉDÉE

Non, pas cela ! Ce que je te demande, Créon…

CRÉON

Telle que je te vois, tu vas nous créer des ennuis, femme.

MÉDÉE

Nous partirons pour l'exil ; ce n'est pas là l'objet de mes prières.

CRÉON

Pourquoi alors veux-tu me faire violence, au lieu de quitter le pays ?

MÉDÉE

Un seul jour ! Laisse-moi un jour de délai,
pour régler les modalités de notre exil,
et trouver des ressources pour mes fils, puisque leur père
ne se soucie nullement de pourvoir aux besoins de ses enfants.
Aie pitié d'eux. Toi aussi, tu as des enfants,
tu es père ; il est naturel que tu te montres bienveillant.
Ce n'est pas mon sort qui m'inquiète, si je suis exilée ;
c'est sur eux que je pleure, et sur le malheur où ils sont plongés.

CRÉON

Ma volonté n'est pas du tout celle d'un tyran,
mais le respect que je porte à autrui a souvent fait ma perte.
Aujourd'hui encore, femme, je vois bien que je commets une erreur,
et pourtant, tu obtiendras ce que tu demandes. Mais je t'avertis :
si demain, le flambeau du dieu[20] vous voit, toi
et tes fils, à l'intérieur de nos frontières,
tu mourras ! J'ai dit, et c'est une parole véridique.
Maintenant, si tu dois rester, reste, mais un seul jour ;
tu n'auras pas le temps d'accomplir l'un de ces méfaits que je redoute.

(Il sort avec sa suite.)

LE CHŒUR

Ah, malheureuse, quelles peines sont les tiennes !
Pauvre femme,
où vas-tu donc tourner tes pas ? Où trouveras-tu l'hospitalité ?
Quelle maison, quelle terre te sauvera de tes maux ?
Car il est infranchissable, Médée, le flot
de malheurs que le dieu te fait franchir.

20. C'est-à-dire le soleil.

MÉDÉE

Le malheur m'entoure de toutes parts. Qui le niera ?
Mais n'allez pas croire encore que les choses en resteront là.
L'avenir réserve des épreuves aux jeunes mariés,
et des peines immenses à ceux qui les ont unis.
Crois-tu que j'aurais flatté cet homme
sans profit pour moi-même, sans un plan en tête ?
Je ne lui aurais même pas adressé la parole, je ne l'aurais pas [seulement touché.
Mais lui, il est allé si loin dans la folie
qu'alors qu'il pouvait ruiner mes projets
en me chassant d'ici, il m'a permis de rester
ce jour, au cours duquel je ferai des cadavres
de trois de mes ennemis : le père, la fille et mon époux.
Bien des voies s'offrent à moi pour les faire mourir,
et je ne sais laquelle tenter d'abord, mes amies.
Vais-je mettre le feu à la demeure nuptiale,
ou leur plonger dans le foie un poignard acéré,
en pénétrant sans bruit dans la chambre où est dressée leur couche ?
Mais une chose m'arrête : si l'on me surprend
à franchir le seuil de la chambre et à ourdir mon plan,
je mourrai et je serai la risée de mes ennemis.
Le mieux est de prendre la voie directe, celle pour laquelle la nature
m'a rendue le plus habile : les faire périr par le poison.
Bien.
Les voilà morts. Quelle cité me recevra ?
Quel hôte m'offrira l'asile de sa terre et la caution
de sa maison pour protéger ma personne ?
Aucun. Restons donc encore un peu,
et si un rempart sûr se présente à nous,
c'est par la ruse, et sans un mot, que j'aborderai ce meurtre.
Mais si je suis chassée par un malheur irrémédiable,
je me saisirai de l'épée – même si je dois mourir –
et je les tuerai, avec la force que donne l'audace.
Non ! Par la maîtresse que je révère

par-dessus tout, et que j'ai choisie comme alliée,
Hécate[21], qui habite au cœur de mon foyer,
aucun d'eux ne se réjouira de faire souffrir mon cœur !
Je les leur rendrai amères, et sinistres, ces noces,
amers leur alliance et mon exil loin de cette terre.
Allons, courage ! N'épargne aucune ressource de ta science,
Médée, à l'heure où tu médites et ourdis ton œuvre.
En route vers l'horreur ! C'est le moment d'être forte.
Tu vois ce qu'on t'inflige. Tu ne dois pas être un objet de risée,
à cause des noces de Jason avec la descendance de Sisyphe[22],
toi, la fille d'un noble père, de la lignée du Soleil[23].
Tu possèdes la science. Et si nous sommes par nature,
nous autres femmes, totalement démunies pour les nobles œuvres,
pour les maux en tous genres, il n'y a pas d'artisans plus habiles.

21. Déesse associée à la lune et à la nuit, patronne des magiciennes.
22. Expression qui désigne les Corinthiens (en l'occurrence la fille de Créon), Sisyphe étant le fondateur mythique de Corinthe.
23. Médée est la fille d'Aiétès, qui est lui-même le fils du Soleil.

PREMIER STASIMON[24]

str. 1 *Les fleuves sacrés remontent vers leur source ;*
la justice, et toutes choses, inversent leur cours.
Aux hommes, les desseins de ruse[25] *– la foi jurée*
aux dieux est ébranlée.
Mais ma vie à moi va se changer en gloire, par un retour de l'opinion.
Voici venir l'honneur pour la race des femmes.
Un renom discordant ne s'attachera plus aux femmes.

ant. 1 *Les Muses des antiques chanteurs*
cesseront de célébrer mon infidélité.
À notre esprit, il n'a pas concédé
le divin chant de la lyre,
Phoïbos[26]*, le maître des mélodies ; sinon, j'aurais fait résonner un hymne*
pour répondre à la race des hommes. Mais le long cours du temps a
bien des choses à dire, sur notre lot à nous et sur celui des hommes.

---

24. « Stasimon » est un terme technique, transmis par Aristote dans la *Poétique*, qui désigne les chants que le chœur exécute dans l'orchestra, entre les parties parlées (épisodes) de la tragédie. Ces chants comprennent un nombre varié de paires strophiques (ici deux), dont chacune se compose d'une strophe et d'une antistrophe, qui présentent le même schéma métrique. Ils s'achèvent parfois par un élément indépendant nommé « épode ».

25. La ruse est considérée dans la Grèce antique comme un trait typiquement féminin ; le fait que les hommes y aient recours représente aux yeux du chœur une inversion des valeurs.

26. « Le Brillant », désignation d'Apollon fréquente dans la tragédie.

str. 2 *Loin de la demeure paternelle, tu as navigué,*
le cœur affolé, traçant la frontière entre les deux roches marines.
Tu habites une terre étrangère, privée de la couche nuptiale
pour un lit sans époux,
malheureuse, et te voici exilée,
chassée sans honneurs de ce sol.

ant. 2 *Il s'en est allé, le respect des serments ; la Pudeur*
ne séjourne plus dans la grande Hellade : elle s'est envolée vers les [hauteurs du Ciel.
Et toi, tu n'as plus de maison paternelle,
infortunée, où mouiller ton navire
pour échapper aux peines :
une autre reine, plus puissante que ta couche,
est intendante en ta maison.

(Entre Jason.)

DEUXIÈME ÉPISODE

JASON

Ce n'est pas la première fois que je le constate – je l'ai vu bien souvent :
une humeur violente est un mal sans remède.
Tu pouvais habiter cette terre et ta maison,
en supportant d'un cœur léger les volontés des puissants.
Et tes propos insensés vont te bannir du pays !
Je m'en lave les mains. Tu peux bien aller dire partout
que Jason est le plus infâme des hommes.
Mais après ce que tu as dit contre les rois,
considère que c'est tout bénéfice pour toi d'être punie d'exil.
Moi, je cherchais toujours à dissiper la colère
du souverain, quand il était exaspéré, et je voulais que tu restes.
Mais toi, au lieu de renoncer à ta folie, tu continuais
à insulter les rois. Voilà pourquoi tu vas être chassée du pays.
Pourtant, même après cela, je n'ai pas abandonné mes amis ;
je suis venu ici par souci de ton sort, femme ;
je ne veux pas que tu sois chassée sans ressources avec les enfants,
ni que tu manques de quoi que ce soit. Car l'exil entraîne avec lui
une foule de maux. Et tu as beau me haïr,
je ne pourrai jamais, pour ma part, te vouloir du mal.

MÉDÉE

Ordure ! Je ne trouve pas d'injure plus grande
pour flétrir ta lâcheté.
Te voici devant nous, te voici, toi, notre pire ennemi !

Ce n'est pourtant ni de la hardiesse, ni de la bravoure
de regarder ses amis en face quand on leur a fait du mal.
Non, c'est de l'impudence, et c'est bien la plus grave
de toutes les maladies humaines. Mais tu as bien fait de venir.
Car quand je t'aurai insulté, j'aurai le cœur plus léger,
et toi, tu vas souffrir à m'entendre.
Je commencerai par le commencement.
Je t'ai sauvé, comme le savent tous les Grecs
qui ont embarqué avec toi sur la nef Argo,
quand on t'avait envoyé pour dompter sous le joug
les taureaux au souffle de feu et ensemencer le champ de la mort[27].
Le dragon qui enveloppait la Toison d'or dans les mille plis
de ses anneaux et la gardait, sans s'abandonner au sommeil,
je l'ai tué ; j'ai fait se lever pour toi la lumière du salut.
Moi-même, j'ai trahi mon père et ma maison
pour venir avec toi à Iolcos, au pied
du Pélion, avec plus de passion que de sagesse.
J'ai fait périr Pélias de la mort la plus affreuse qui soit,
par la main de ses enfants, et je t'ai ôté toute crainte.
Et après avoir reçu de nous de tels services, vermine,
tu nous as trahie, tu as pris possession d'un nouveau lit,
alors que tu avais des enfants. Si en effet tu avais été encore sans enfants,
tu serais excusable d'avoir désiré ce lit.
Adieu la caution des serments ! Mais je n'arrive pas à savoir
si tu penses que les dieux d'hier ont cessé de régner,
ou que de nouvelles lois ont cours aujourd'hui chez les hommes,
puisque tu as conscience d'avoir trahi ton serment envers moi.
Ah ! ma main droite[28], que tu prenais si souvent,

27. Épreuves imposées à Jason par Aiétès, le roi de Colchide, pour la conquête de la Toison d'or, et dont il a triomphé grâce à l'aide de Médée. Après avoir mis sous le joug un taureau crachant le feu, Jason devait ensemencer un champ avec les dents du dragon de Cadmos, dont naissaient des guerriers destinés à le tuer. Il lui fallut, enfin, venir à bout du dragon qui gardait la Toison, ce qui ne fut possible, là encore, que grâce aux pouvoirs magiques de Médée.

28. La main droite est celle que l'on touche pour engager sa parole auprès de quelqu'un.

et mes genoux ! C'est bien vainement que nous avons été touchés
par ce scélérat : nous avons été trompés dans nos espoirs.
Passons. Comme un ami, je veux te consulter.
Mais je me demande quel bien je peux attendre de toi.
Qu'importe. Mes questions n'en feront que mieux ressortir ton infamie.
Où me tourner à présent ? Vers la maison de mon père,
que j'ai trahie, et ma patrie avec, pour te suivre ?
Vers les filles de Pélias ? C'est sûr, elles me feraient un bel accueil
dans leur maison, elles dont j'ai tué le père !
Car telle est la situation : je me suis fait haïr
des amis de chez moi ; et ceux à qui je n'aurais pas dû
faire de mal, pour te complaire, je les ai à présent pour ennemis.
Vraiment, plus d'une femme grecque envie le bonheur suprême
que tu m'as donné en retour ! Il est admirable,
le mari que j'ai en toi, et loyal ! Pauvre de moi,
si je suis exilée, chassée de cette terre,
privée d'amis, seule, avec mes seuls enfants.
Une belle honte, vraiment, pour le jeune époux,
que ces enfants qui errent comme des mendiants, avec moi, qui [t'ai sauvé !
Ô Zeus, pourquoi as-tu donné aux hommes des signes clairs
pour reconnaître l'or de mauvais aloi,
alors qu'il n'existe aucune marque sur le corps des hommes
pour distinguer le scélérat ?

LE CHŒUR

Elle est terrible et difficile à guérir,
la colère qui met les amis aux prises avec les amis.

JASON

Il faut apparemment que je ne sois pas un mauvais orateur,
mais que, comme le prudent pilote du navire,
je réduise la voilure pour esquiver
le bavardage malin qui démange ta langue, femme.
Pour moi, puisque tu élèves si haut l'édifice de tes services,

c'est à Cypris[29] que je me crois redevable du salut
de ma navigation, à personne d'autre, ni chez les dieux, ni chez
[les hommes.
Tu as un esprit subtil, d'accord, mais tu répugnes
à raconter que c'est Éros qui, de ses flèches inévitables,
t'a contrainte à sauver ma personne.
Je ne veux pas trop entrer dans les détails.
Quelle que soit la manière dont tu m'as aidé, ce n'est pas un mal.
Mais mon salut t'a rapporté plus
qu'il ne t'a coûté. Je m'explique.
D'abord, c'est la terre grecque que tu habites,
au lieu d'une contrée barbare ; tu as appris la justice
et l'usage des lois, au lieu de vivre au gré de la force ;
tous les Grecs ont reconnu ta science
et tu t'es fait une réputation. Si tu habitais
aux derniers confins de la Terre, on ne parlerait pas de toi.
Je ne voudrais ni d'or dans ma maison,
ni le pouvoir de chanter mieux qu'Orphée,
si mon sort ne devait pas attirer les regards.
Voilà tout ce que j'avais à dire de mes travaux.
C'est toi qui as provoqué ce débat.
Quant aux reproches que tu m'as faits pour mon mariage royal,
je te montrerai qu'en l'occurrence, j'ai fait preuve d'abord d'habileté,
[ensuite,
de prudence, enfin, d'une grande affection pour toi
et pour mes enfants. *(À Médée, qui manifeste son impatience.)* Allons,
[calme-toi !
Lorsque j'eus quitté la terre d'Iolcos pour venir ici,
traînant derrière moi une foule de maux irrémédiables,
quelle trouvaille plus heureuse aurais-je pu faire
que d'épouser la fille du roi, moi, l'exilé ?
Non pas pour la raison qui te pique au vif, par dégoût de ton lit,

29. Autre nom d'Aphrodite, la déesse de l'amour. C'est à Chypre que la déesse aurait abordé, après sa naissance dans les flots.

ni sous le coup du désir d'une nouvelle épouse,
ni par envie de rivaliser avec moi-même en nombre d'enfants.
C'est assez des enfants que j'ai déjà, et je n'ai pas à m'en plaindre.
Je voulais, par-dessus tout, nous assurer une vie heureuse,
à l'abri du besoin, car je savais que
le pauvre voit fuir loin de lui tous ses amis ;
je voulais aussi garantir à mes enfants une éducation digne de
[ma maison,
donner des frères aux enfants nés de toi,
les placer tous à égalité, et fonder mon bonheur
sur l'union de ma famille. Qu'as-tu à faire, toi, d'autres fils ?
Tandis que moi, j'ai intérêt à servir les enfants que j'ai
par mes enfants à venir. Est-ce un mauvais calcul ?
Toi-même, tu ne le dirais pas, si tu n'étais piquée au vif par ma
[nouvelle union.
Mais vous en êtes arrivées là, vous les femmes : vous considérez
que vous avez tout quand vos amours vont bien,
mais si un malheur atteint votre lit,
le parti le meilleur et le plus beau devient à vos yeux
le plus ennemi qui soit. Les mortels devraient pouvoir procréer
par quelque autre moyen, sans qu'existe la race des femmes.
De cette façon, les hommes ne connaîtraient pas le malheur.

Le Chœur

Jason, tu as joliment enrobé ton discours.
Pourtant, à mon avis – même si je dois parler contre ton attente –,
tu bafoues la justice en trahissant ton épouse.

Médée

Vraiment, sur bien des points, je suis en désaccord avec bien des gens.
À mes yeux, en effet, celui qui allie l'injustice et le talent oratoire
mérite le châtiment le plus sévère.
Car il se flatte de mettre, en paroles, de beaux atours à l'injustice,
et son audace ne recule devant aucun crime. Mais son habileté
[n'est pas bien grande.

Toi non plus, ne viens pas me montrer ta belle figure
et tes beaux discours. Un seul mot te mettra à terre.
Si réellement tu n'étais pas un misérable, tu aurais dû faire ce mariage
avec mon accord, et non à l'insu des tiens.

JASON

Aucun doute, tu aurais applaudi des deux mains à mes projets,
si je t'avais parlé de mon mariage, à toi qui, même à cette heure,
ne te résous pas à laisser retomber la violente colère de ton cœur.

MÉDÉE

Ce n'était pas cela qui te retenait ! Un lit barbare
te conduisait à une vieillesse sans gloire.

JASON

Mets-toi bien ceci dans la tête : ce n'est pas pour une femme
que j'ai épousé le lit royal que je possède à présent.
Comme je te l'ai déjà dit tout à l'heure, je voulais te sauver,
et à mes enfants donner des frères de sang royal,
pour qu'ils soient le rempart de ma maison.

MÉDÉE

Je ne veux pas d'une vie heureuse qui m'affligerait,
ni d'une prospérité qui me grifferait le cœur.

JASON

Sais-tu comment changer de vœux et paraître plus sage ?
Cesse de considérer comme un mal ce qui est bien,
et ne te crois pas infortunée quand la fortune te favorise.

MÉDÉE

C'est ça, outrage-moi ! Tu as un lieu de refuge, toi,
tandis que moi, abandonnée de tous, je vais partir pour l'exil.

JASON

C'est toi qui l'as voulu. N'en accuse personne d'autre.

MÉDÉE

En faisant quoi ? Ai-je pris une femme, t'ai-je trahi ?

JASON

En lançant contre le roi des malédictions impies.

MÉDÉE

Mes malédictions, elles sont aussi pour ta maison.

JASON

Écoute : je ne discuterai pas davantage avec toi.
Si tu veux, pour les enfants ou pour ton propre exil,
recevoir le soutien de mes biens,
dis-le. Je suis prêt à donner d'une main généreuse
et à envoyer des messages à mes hôtes, pour qu'ils te traitent bien.
Si tu refuses cette offre, tu agiras follement, femme.
Mais si tu mets un terme à ta colère, tu y trouveras profit.

MÉDÉE

Je ne ferai aucun usage de tes hôtes,
et je ne veux rien recevoir de toi : tu peux garder tes dons.
Les présents d'un scélérat ne sont d'aucun profit.

JASON

Eh bien ! Je prends les dieux à témoin
que je veux vous aider par tous les moyens, toi et les enfants.
Mais toi, les bienfaits ne sont pas pour te plaire, et par arrogance,
tu repousses tes amis. Tu vas ajouter à tes souffrances.

MÉDÉE

Va-t'en ! La jeune fille que tu viens d'épouser te manque
et tu t'attardes trop, hors de vue de sa maison.
Profite de tes noces ! Car peut-être – je le dirai avec l'aval d'un dieu –,
ton mariage sera de nature à te faire renier le mariage.

(Jason sort.)

DEUXIÈME STASIMON

str. 1 *Les amours, quand ils s'élèvent*
trop haut, ne valent aux hommes
ni réputation ni mérite. Mais dès lors que Cypris
modère son allure,
aucune déesse n'a autant de charme qu'elle !
Puisses-tu, maîtresse, ne jamais
diriger contre moi, avec ton arc d'or, ta flèche imparable
tout enduite de désir.

ant. 1 *Et puisse me chérir la chasteté,*
le plus beau don des dieux !
Que jamais je n'aie à redouter Cypris !
Qu'elle m'épargne les colères hargneuses,
les querelles insatiables,
en s'abstenant d'affoler mon cœur
pour un nouveau lit.
Qu'elle respecte les unions pacifiques
et sache, d'un esprit pénétrant,
distinguer entre eux les lits des femmes.

str. 2 *Ô ma patrie, ma maison, que jamais je ne sois privée de cité,*
condamnée à la rude traversée d'une vie sans ressources,
chagrin suprême ! La mort ! La mort
puisse-t-elle me dompter d'abord
et mettre un terme à mes jours.
Aucune peine n'excède
la privation de la patrie.

ant. 2 *Je l'ai vu, et ce n'est pas au récit d'un autre que je puise ce que je dis :*
tu n'as eu ni cité, ni aucun ami
pour te prendre en pitié
dans l'épreuve la plus affreuse. Qu'il périsse, l'ingrat
qui ne sait pas honorer
ses amis en leur ouvrant la porte
d'un cœur pur. Un tel homme
ne sera jamais mon ami.

(Entre Égée.)

TROISIÈME ÉPISODE

Égée

Médée, salut[30] ! Personne ne connaît
de plus beau préambule que celui-là pour s'adresser à ses amis.

Médée

Salut à toi aussi, fils du sage Pandion,
Égée. D'où viens-tu visiter le sol de cette terre ?

Égée

J'ai quitté l'antique sanctuaire de Phoïbos[31].

Médée

Pourquoi t'étais-tu mis en route pour le nombril prophétique de la Terre[32] ?

Égée

Je cherchais le moyen que me vienne un enfant.

30. Le mot que l'on emploie en grec pour se saluer signifie littéralement « sois heureux/heureuse ! ».

31. C'est-à-dire le sanctuaire prophétique d'Apollon à Delphes.

32. Désignation commune de Delphes comme centre du monde. Zeus avait lâché deux aigles depuis les deux extrémités du monde, et c'est à Delphes qu'ils s'étaient rencontrés. Ce point était marqué, dans le sanctuaire, par une pierre de forme conique appelée l'*omphalos* (le nombril).

MÉDÉE

Par les dieux ! Jusqu'ici, tu as vécu sans enfant ?

ÉGÉE

Oui, nous sommes sans enfants, selon le sort voulu par quelque dieu.

MÉDÉE

Alors que tu as une femme ? Ou es-tu sans expérience du lit nuptial ?

ÉGÉE

Je ne suis pas sans connaître l'union conjugale.

MÉDÉE

Que t'a donc dit Phoïbos au sujet des enfants ?

ÉGÉE

Des paroles trop savantes pour l'entendement humain.

MÉDÉE

Nous est-il permis de connaître l'oracle du dieu ?

ÉGÉE

Certainement, car il requiert un esprit savant.

MÉDÉE

Quel oracle a-t-il donc rendu ? Dis-le, s'il est permis de l'entendre.

ÉGÉE

De « ne pas délier le pied qui sort de l'outre ».

Médée

Avant d'avoir fait quoi, ou d'avoir atteint quelle terre ?

Égée

Avant d'avoir regagné le foyer de mes pères.

Médée

Mais pour quel besoin as-tu abordé en ce pays ?

Égée

Il y a un certain Pitthée, prince de Trézène[33].

Médée

Fils de Pélops, un homme à la piété légendaire.

Égée

C'est à lui que je veux faire connaître l'oracle du dieu.

Médée

Oui, car c'est un homme savant et rompu à ce genre de choses.

Égée

Et pour moi, le plus cher de tous les alliés.

Médée

Eh bien, bonne chance ! Et puisses-tu obtenir ce que tu désires !

33. Cité grecque située sur la côte nord de l'Argolide, dans le Péloponnèse.

ÉGÉE

Mais pourquoi ce regard, cet air décomposé ?

MÉDÉE

Égée, mon mari est le plus infâme de tous les hommes.

ÉGÉE

Que dis-tu ? Explique-moi clairement ce qui t'afflige.

MÉDÉE

Jason me fait injure, sans tort de ma part.

ÉGÉE

Qu'a-t-il fait ? Explique-le moi plus clairement.

MÉDÉE

Il me remplace par une autre, dont il fait la maîtresse de sa maison.

ÉGÉE

Il n'a tout de même pas osé un acte aussi odieux ?

MÉDÉE

Si, n'en doute pas. Il nous méprise, nous ses amours d'hier.

ÉGÉE

S'est-il épris d'une autre ? Ou a-t-il pris ton lit en horreur ?

MÉDÉE

Il s'est épris, oui, et d'un grand amour. Sa loyauté envers les siens,
[envolée !

ÉGÉE

Laisse-le donc, s'il est vraiment l'infâme que tu dis.

MÉDÉE

Prendre la fille d'un roi, voilà ce qu'il a désiré.

ÉGÉE

Mais qui la lui donne ? Va jusqu'au bout de ton récit.

MÉDÉE

Créon, qui règne ici, à Corinthe.

ÉGÉE

Alors ton chagrin avait des excuses, femme.

MÉDÉE

C'en est fait de moi. Et il y a plus : je suis chassée de ce pays.

ÉGÉE

Par qui ? C'est un nouveau malheur que tu m'annonces là.

MÉDÉE

Créon me bannit de la terre de Corinthe : il m'envoie en exil.

ÉGÉE

Et Jason laisse faire ? Cela non plus, je ne l'approuve pas.

MÉDÉE

En paroles, non, mais sa volonté s'y résigne.

Eh bien ! je t'en conjure, par ton menton[34]
et tes genoux. Me voici ta suppliante.
Aie pitié, aie pitié de moi, dans mon infortune,
ne souffre pas de me voir chassée et abandonnée.
Accueille-moi dans ton pays, dans ta maison, à ton foyer.
À ce prix, que ton désir d'enfants soit comblé
par les dieux, et puisses-tu mourir toi-même dans la prospérité.
Tu ne sais pas sur quelle aubaine tu es tombé ici.
Je mettrai fin à ta stérilité ; je te ferai engendrer
des enfants. Tels sont les philtres que je connais.

Égée

Bien des raisons m'engagent, femme, à t'accorder
cette faveur : d'abord les dieux,
ensuite les enfants dont tu me promets la naissance,
car c'est le but vers lequel tend tout mon être.
Voici comment je vois les choses : si tu viens dans mon pays,
je tâcherai de t'assurer ma protection, conformément à la justice.
Seulement, je t'avertis d'une chose, femme.
Je n'ai pas l'intention de t'emmener hors d'ici,
mais si, par tes seuls moyens, tu arrives chez moi,
tu y trouveras un asile inviolable, et tu n'auras pas à craindre que
[je te livre à qui que ce soit.
Quitte donc cette terre par tes propres moyens.
Envers mes hôtes aussi, je veux être sans reproche.

34. Comme elle l'a fait précédemment avec Créon, Médée se place en position de suppliante vis-à-vis d'Égée, pour forcer son acquiescement. Toucher le menton est l'un des gestes rituels de la supplication, lorsque le supplié est un homme.

Médée

Il en sera ainsi. Mais si j'obtenais une garantie
de tes paroles, je m'estimerais entièrement satisfaite.

Égée

Tu n'as donc pas confiance ? Quelle difficulté vois-tu ?

Médée

J'ai confiance. Mais la maison de Pélias[35] m'est hostile,
tout comme Créon. Lié par des serments, tu ne me livrerais pas
à ces gens-là, s'ils voulaient me faire sortir de ton pays.
Tandis que si je n'ai ton accord qu'en paroles, sans que tu aies prêté [serment par les dieux,
tu pourrais bien te montrer leur ami, et céder, peut-être,
aux propositions de leurs envoyés. Car si, de mon côté, tout n'est [que faiblesse,
ils ont, eux, la prospérité et une maison royale.

Égée

Quelle prévoyance dans tes propos, femme !
Mais si bon te semble, je ne refuse pas de m'exécuter.
Pour moi, le parti le plus sûr est
d'avoir une excuse à fournir à tes ennemis,
et ta cause n'en est que plus solide. Indique-moi les dieux à invoquer.

Médée

Jure par le sol de la Terre, par le Soleil, père
de mon père, et par toute la race des dieux réunis…

Égée

De faire ou de ne pas faire quoi ? Dis-le.

35. Voir n. 5 et 6.

Médée

De ne jamais, toi-même, me jeter hors de ton pays,
et si tel de mes ennemis veut m'en arracher,
de ne pas me livrer à lui, toi vivant, de ton plein gré.

Égée

Je jure par la Terre, par l'éclat brillant du Soleil,
et par tous les dieux, de m'en tenir à ce que tu dis.

Médée

Il suffit. Mais ce serment, si tu ne t'y tiens pas, à quel châtiment [te vouer ?

Égée

Celui qui frappe les mortels impies.

Médée

Pars, et bon voyage ! Tout est en ordre.
De mon côté, je gagnerai ta cité au plus vite,
quand j'aurai fait ce que je dois, et obtenu ce que je veux.

Le Chœur

Eh bien, que le fils de Maïa[36], le dieu conducteur,
t'achemine jusque chez toi, et la pensée qui presse
ton pas, puisses-tu la voir s'accomplir.
Car tu m'as donné, Égée,
l'image d'un homme généreux.

(Égée sort.)

36. Hermès, invoqué ici comme le dieu des voyageurs.

MÉDÉE

Ô Zeus, ô Justice fille de Zeus, ô lumière du Soleil !
Maintenant, mes amies, c'est une belle victoire que nous allons [remporter
sur nos ennemis. Nous sommes déjà en route.
Maintenant, j'ai bon espoir de voir mes ennemis payer un juste [châtiment.
Car cet homme est apparu, là où j'étais le plus en peine,
pour offrir un havre à mes projets.
C'est à lui que nous attacherons nos amarres,
en venant dans la ville et à l'acropole de Pallas[37].
À présent, je vais te dire tous mes projets.
Écoute. Ce n'est pas réjouissant.
Je vais envoyer un de mes serviteurs à Jason
pour lui demander de venir me voir.
Quand il sera là, je lui tiendrai des propos lénifiants :
que j'accepte ses choix, que j'approuve
le mariage royal pour lequel il m'a trahie,
que ce sont là des décisions utiles et sages.
Mais je lui demanderai que mes enfants restent ici,
non que je veuille les laisser sur une terre ennemie,
en butte aux outrages de la haine,
mais pour tuer, par mes ruses, la fille du roi.
Je les enverrai, les mains chargées de cadeaux,
qu'ils porteront à la jeune mariée, pour échapper à l'exil :
un voile léger et une couronne d'or ouvragé.
Si elle prend la parure et en revêt son corps,
elle périra d'une mort affreuse et avec elle, quiconque la touchera.
Tel est le pouvoir des poisons dont j'enduirai ces présents.
Mais là, je change de langage
et je pleure sur l'acte que je dois accomplir
ensuite. Ces enfants, je vais les tuer,

37. Autre nom d'Athéna.

mes enfants ! Il n'y a personne qui puisse les soustraire à ce sort.
Et quand j'aurai ruiné toute la maison de Jason,
je quitterai le pays, pour fuir le meurtre
de mes enfants chéris, l'acte abominable que j'aurai osé.
Être la risée de mes ennemis, cela, mes amies, je ne peux pas le
[supporter.
À l'œuvre ! Quel profit auraient-ils donc à vivre[38] ? Je n'ai ni patrie
ni maison, ni recours contre le malheur.
Ma faute, je l'ai commise le jour où j'abandonnais
la demeure paternelle, en prêtant foi aux paroles
d'un Grec qui, avec l'aide d'un dieu, va me payer un juste châtiment.
Les enfants qu'il a eus de moi, jamais plus il ne les verra
vivants, et ce n'est pas sa nouvelle
épouse qui lui donnera un enfant, puisqu'elle est vouée, la misérable,
à périr misérablement, par l'effet de mes poisons.
Que personne n'aille penser que je suis faible, indolente,
ou résignée ; c'est tout le contraire :
implacable pour mes ennemis et secourable à mes amis.
C'est à des caractères de cette trempe qu'appartient la vie la plus
[glorieuse.

Le Chœur

Puisque tu nous as fait part de tes intentions,
et que je veux à la fois servir tes intérêts et prêter appui
aux lois humaines, je te défends de mettre ce projet à exécution.

Médée

Il n'y a pas d'autre voie. Mais tu as des excuses
pour parler comme tu le fais : tu n'es pas maltraitée comme je le suis.

38. Texte corrigé ; le texte des manuscrits dit : « quel profit ai-je à vivre ? », mais cette question paraît peu à sa place dans le contexte. Certains éditeurs considèrent les vers 798-799 comme une interpolation.

Le Chœur

Tu vas vraiment oser tuer le fruit de tes entrailles, femme ?

Médée

Oui, car c'est la pire morsure que je puisse infliger à mon époux.

Le Chœur

Et le meilleur moyen pour faire de toi la femme la plus malheureuse.

Médée

À l'œuvre ! Toutes les paroles qui me séparent de l'acte sont superflues.
(à la Nourrice.)
Allez, va, et ramène-moi Jason.
Tu es mon recours pour toutes les missions de confiance.
Ne dis rien de ce que j'ai décidé,
si tu veux du bien à ta maîtresse, et si tu es fidèle à ton sexe.

(La Nourrice sort.)

TROISIÈME STASIMON

str. 1 *Prospères depuis les temps anciens sont les Érechthéides*[39],
les enfants des dieux bienheureux, issus
d'une terre sacrée exempte de ravages ;
nourris de la sagesse la plus illustre, ils vont toujours
d'un pas délicat à travers l'éther[40] *resplendissant, là où jadis*
les chastes Piérides, les neuf Muses, furent enfantées
dit-on, par la blonde Harmonie[41].

ant. 1 *Puisant aux beaux courants du Céphise*[42],
Cypris, comme on le raconte,
souffle sur leur pays des brises légères,
à *la douce haleine. Les cheveux ceints, toujours,*
d'une couronne de roses parfumées,
elle envoie siéger auprès de la Sagesse les Amours
auxiliaires de toute vertu.

str. 2 *Comment donc la cité*
des fleuves sacrés, la terre

---

39. Les Athéniens, descendants d'Érechthée, l'un des rois mythiques d'Athènes.
40. Terme qui désigne en grec la partie supérieure du ciel.
41. Le texte grec est ambigu et on pourrait également comprendre, avec les commentateurs antiques, que ce sont les Muses qui donnent naissance à Harmonie. Dans un cas comme dans l'autre, Euripide s'écarte ici des généalogies traditionnelles.
42. Fleuve qui coule à l'ouest d'Athènes et se jette dans le golfe Saronique.

accueillante aux amis[43]*, t'admettra-t-elle*
avec ses autres habitants,
toi l'infanticide, la femme impie ?
Considère le coup que tu veux porter à tes enfants,
considère le meurtre dont tu te charges.
Non, par tes genoux,
nous t'en supplions impérieusement,
ne tue pas tes enfants !

ant. 2 *Où trouveras-tu le courage*
qu'il te faut, dans ton âme, dans ton bras,
pour pousser au cœur de tes enfants
la terrifiante audace ?
Comment, quand tu jetteras les yeux
sur tes enfants, garderas-tu, sans larmes,
le rôle du meurtrier ? Tu ne pourras pas,
en voyant tes enfants te supplier à genoux,
baigner ta main de leur sang,
d'un cœur intrépide.

(Entre Jason.)

43. C'est-à-dire Athènes. L'éloge de la piété et de l'hospitalité des Athéniens ne pouvait que plaire au public, composé en majorité de citoyens athéniens.

QUATRIÈME ÉPISODE

JASON

Tu m'as appelé : me voici. Si hargneuse que tu sois,
je ne peux tout de même pas refuser de t'écouter.
Dis-moi ce que tu veux encore de moi, femme.

MÉDÉE

Jason, je te prie de me pardonner
tout ce que j'ai dit. Mes mouvements d'humeur, tu dois
les supporter, après toutes les marques d'affection que nous nous [sommes données.
Je me suis raisonnée et je me suis fait des reproches.
« Malheureuse, pourquoi cette folie
et cette hargne envers ceux qui prennent de bonnes décisions ?
Pourquoi me dresser en ennemie contre les souverains de ce pays
et contre mon mari, qui agit au mieux de nos intérêts,
en épousant une princesse et en voulant donner des frères
à mes enfants ? Ne vais-je pas renoncer à ma colère ?
Qu'est-ce qui me prend, quand les dieux arrangent si bien les choses ?
N'ai-je pas d'enfants ? Ne sais-je pas
que nous sommes exilés et sans amis ? »
À raisonner ainsi, j'ai pris conscience de toute
mon imprudence et de la vanité de ma colère.
À présent, donc, je t'approuve ; je te trouve sage
d'avoir contracté pour nous cette nouvelle alliance, et je me juge [insensée après coup :

j'aurais dû prendre part à ces décisions,
contribuer à leur réalisation, aider à votre union
et trouver plaisir à entourer de soins ta jeune épouse.
Mais sans vouloir dire du mal de nous autres, je suis ce que je suis :
une femme. Tu n'aurais donc pas dû m'imiter dans mes vices,
ni répondre à des enfantillages par des enfantillages.
Je m'incline, oui, je le dis : je n'étais pas dans mon bon sens
tout à l'heure. Maintenant, j'ai pris un meilleur parti.
Mes enfants, mes enfants, venez, quittez ce toit !
(Les enfants sortent de la maison avec le Pédagogue.)
Sortez pour embrasser et saluer votre père
avec moi ; renoncez en même temps que votre mère
à votre haine passée envers nos amis.
Nous faisons la paix, la rancune est tombée.
Prenez sa main droite. Ah, comme la pensée
d'un malheur caché m'envahit soudain !
Mes enfants, serez-vous encore longtemps en vie
pour tendre ainsi vos bras chéris ? Pauvre de moi,
je suis au bord des larmes et pleine d'effroi.
Au moment où j'efface enfin ma querelle avec votre père,
mon regard s'attendrit et s'emplit de larmes.

LE CHŒUR

De mes yeux aussi, jaillit un flot de larmes.
Puisse le malheur ne pas dépasser sa mesure présente !

JASON

J'approuve, femme, ce langage, et je ne te tiens pas rigueur du passé.
Il est naturel que votre sexe, quand l'époux
négocie une autre union, en conçoive de l'humeur contre lui.
Mais ton cœur a connu un heureux revirement.
Tu as reconnu – tu y as mis le temps ! – le parti
qui l'emporte. C'est agir en femme de bon sens.
Quant à vous, mes enfants, votre père ne vous a pas négligés.
Avec l'aide des dieux, il a généreusement pourvu à votre salut.

Je pense qu'ici, à Corinthe,
vous retrouverez un jour le premier rang, avec vos frères.
Grandissez ! Le reste est l'affaire
de votre père et des dieux qui vous sont propices.
Mon vœu est de vous voir prospérer et devenir des jeunes
gens accomplis, supérieurs à mes ennemis.
(S'adressant à Médée, qui se détourne et pleure.)
Mais pourquoi ces flots de larmes qui baignent tes paupières ?
Pourquoi détournes-tu ta joue blanche
au lieu d'accueillir avec joie ce que je t'ai dit ?

MÉDÉE

Ce n'est rien. Je pensais à ces enfants.

JASON

Rassure-toi. Je me charge de pourvoir à leurs besoins.

MÉDÉE

Je ferai comme tu dis. Je ne veux pas douter de tes paroles.
Mais la femme n'échappe pas à son sexe et sa nature la porte aux [larmes.

JASON

Pourquoi donc te lamenter autant sur ces enfants ?

MÉDÉE

Je les ai mis au monde. Et quand tu formais le vœu que ces enfants [vivent,
j'ai senti la pitié m'envahir, incertaine que j'étais de son accomplissement.
Mais les motifs pour lesquels je t'ai invité à cet entretien,
tu en as entendu une partie ; je vais te dire le reste.
Le roi a décidé de m'éloigner de cette terre.
Pour moi aussi, je le reconnais volontiers, la meilleure chose à faire

est de vous débarrasser de ma présence, toi et les souverains.
Car on me croit hostile à leur maison.
J'accepte donc de partir pour l'exil.
Mais les enfants, eux, ont besoin d'être élevés par ta main.
Demande à Créon qu'ils ne soient pas exilés.

JASON

Je ne sais pas si j'arriverai à le persuader. Mais il faut essayer.

MÉDÉE

Eh bien, prie ta femme de demander à son père
de ne pas exiler les enfants de ce pays.

JASON

Certainement. Et je me fais fort de la persuader.

MÉDÉE

Oui, si elle est une femme comme les autres.
Et moi aussi, je t'aiderai dans cette entreprise.
Je lui enverrai des présents qui surpassent en beauté
– et de beaucoup, je le sais – ceux qui existent aujourd'hui chez [les hommes,
un voile léger et une couronne d'or,
que les enfants lui porteront. Vite, vite,
qu'une des servantes apporte ici la parure.
Elle connaîtra non pas une, mais mille félicités,
à trouver en toi, pour partager sa couche, le meilleur des hommes,
et à posséder une parure que jadis le Soleil,
le père de mon père, a donnée à ses descendants.
(Une servante sort de la maison avec les cadeaux.)
Prenez dans vos mains ces cadeaux de noces, mes enfants,
et allez les offrir à la princesse, la bienheureuse épouse.
Les présents qu'elle recevra ne sont pas méprisables.

JASON

Pourquoi, pauvre folle, veux-tu en dépouiller tes mains ?
Crois-tu que la maison royale manque de voiles ?
Crois-tu qu'elle manque d'or ? Garde ces cadeaux, ne les donne pas.
Si j'ai tant soit peu de valeur aux yeux de
ma femme, elle me préférera à des richesses, j'en suis certain.

MÉDÉE

Ne me dis pas cela ! Les présents, c'est connu, fléchissent même [les dieux.
Et l'or vaut plus que mille discours auprès des mortels.
Le destin est de son côté, c'est sa cause qu'un dieu favorise [aujourd'hui.
Elle est jeune, elle règne. Et pour épargner l'exil à mes enfants,
je donnerais ma vie, et pas seulement de l'or.
Allez, mes enfants, entrez dans la riche demeure.
La nouvelle épouse de votre père, ma maîtresse,
suppliez-la, implorez-la pour qu'elle vous sauve de l'exil,
en lui remettant la parure. Car ce qu'il faut avant tout,
c'est qu'elle reçoive ces présents dans ses mains.
Partez au plus vite ! Et à votre mère, puissiez-vous apporter,
une fois votre mission accomplie, l'heureuse nouvelle qu'elle désire [entendre.

(Les enfants s'éloignent, avec le Pédagogue et Jason.)

QUATRIÈME STASIMON

str. 1 *Maintenant je n'ai plus d'espoir*
pour la vie des enfants,
non, plus d'espoir. Ils sont déjà
en marche vers la mort.
Elle va recevoir, la jeune épouse,
les bandeaux d'or,
et avec eux, malheureuse, c'est la ruine qu'elle recevra.
Sur sa blonde chevelure,
elle posera la parure d'Hadès,
elle-même, de ses propres mains !

ant. 1 *Leur attrait, leur éclat*
immortel la persuaderont
de revêtir le voile
et la couronne d'or.
Mais c'est chez les morts
qu'elle portera sa parure nuptiale.
Tel est le filet,
le destin de mort où elle va tomber,
la malheureuse ! Et au désastre,
elle n'échappera pas.

str. 2 *Et toi, malheureux, mauvais époux remarié à des rois,*
sans le savoir, sur tes enfants,
sur leur vie, c'est la ruine que tu attires, et sur ton
épouse, une mort affreuse.
Infortuné, quelle illusion sur ton destin !

ant. 2 *Je pleure aussi sur ta souffrance, pauvre mère,*
qui vas tuer
tes enfants, à cause de la couche nuptiale
qu'un époux sans foi ni loi a abandonnée
pour partager le lit et la maison d'une autre femme.

(Le Pédagogue revient avec les enfants.)

CINQUIÈME ÉPISODE

LE PÉDAGOGUE

Maîtresse, voici tes fils ; on leur fait grâce de l'exil.
La jeune princesse a reçu avec joie tes présents
dans ses mains. Là-bas, la paix est faite avec les enfants.
Hé !
Pourquoi as-tu l'air bouleversée quand la fortune te sourit ?
Pourquoi détournes-tu le visage
au lieu de te réjouir de ce que je te dis ?

MÉDÉE

Malheur !

LE PÉDAGOGUE

Voilà qui ne s'accorde pas avec les nouvelles que je t'annonce.

MÉDÉE

Malheur encore une fois !

LE PÉDAGOGUE

Aurais-je, sans le savoir[44],
annoncé un malheur, en croyant, à tort, annoncer une bonne [nouvelle ?

44. La disposition particulière de cette réplique rend compte du fait que le vers 1009 est réparti entre les deux interlocuteurs, phénomène rare dans le dialogue tragique, qui traduit une certaine tension dans l'échange, et qui est appelé en grec *antilabē*.

MÉDÉE

Ton message est ce qu'il est. Je ne t'en fais pas reproche.

LE PÉDAGOGUE

Alors pourquoi ces yeux baissés ? Pourquoi ces flots de larmes ?

MÉDÉE

C'est plus fort que moi, vieillard ; voilà ce que les dieux
ont tramé, et moi tout autant, avec mes intentions mauvaises.

LE PÉDAGOGUE

Courage. Toi aussi, tes enfants te feront un jour revenir d'exil.

MÉDÉE

Avant cela, j'en ferai débarquer d'autres, pauvre de moi ![45]

LE PÉDAGOGUE

Tu n'es pas la seule à être séparée de tes enfants.
Force est, pour un mortel, de supporter d'un cœur léger les coups
[du sort.

45. Il y a un jeu en grec sur le préverbe *kata-*, qui, en composition, peut signifier soit faire revenir d'exil (sens donné au verbe par le Pédagogue), soit faire descendre sous terre. Médée joue sur le double sens : le Pédagogue doit comprendre qu'elle parle d'un retour, alors qu'elle pense évidemment à la mort qu'elle va infliger à ses enfants, et donc à une descente dans l'Hadès. C'est ce que nous avons essayé de rendre avec le verbe « débarquer ».

MÉDÉE

Je le ferai. Rentre dans la maison,
et prépare pour mes fils ce qu'il leur faut chaque jour.

(Le Pédagogue sort.)

Ô mes enfants, mes enfants, vous avez, vous, une cité,
une maison où, me laissant à mon malheur,
vous habiterez pour toujours, privés de votre mère.
Mais moi, vers une terre étrangère, je m'en vais en exil,
avant d'avoir joui de vous et de vous avoir vus heureux,
avant d'avoir pourvu à votre mariage, d'avoir paré
votre lit nuptial et porté haut le flambeau de vos noces[46].
Pauvre de moi, quel fol orgueil !
C'est donc pour rien, mes enfants, que je vous ai nourris,
c'est pour rien que j'ai peiné, que j'ai été déchirée de douleurs
quand j'endurais les âpres souffrances de l'enfantement.
Ah ! je le jure, infortunée, jadis, je plaçais en vous
bien des espoirs : vous deviez me nourrir dans ma vieillesse
et, à ma mort, m'ensevelir dignement de vos mains,
sort envié des humains ! Mais aujourd'hui, c'en est fini
de cette douce pensée. Privée de vous,
je vais traîner ma vie dans le chagrin et la douleur.
Et vous, plus jamais vos yeux ne verront
votre mère ; vous serez partis pour une autre existence.
Ah ! Pourquoi me regardez-vous ainsi, mes enfants ?
Pourquoi me souriez-vous pour la dernière fois ?
Ah ! que faire ? Le cœur me manque,
femmes, lorsque je vois le regard radieux de mes enfants.
Non, je ne pourrai pas. Adieu mes résolutions
d'avant ! J'emmènerai mes fils hors de ce pays.
Pourquoi faut-il que, pour affliger le père au prix de leur malheur,
je redouble mes propres malheurs ?

46. Allusion aux torches que l'on portait dans le cortège nuptial.

Non, je ne le ferai pas. Adieu mes résolutions !
Mais quels sont ces sentiments ? Ai-je envie de m'exposer au rire
en laissant mes ennemis impunis ?
Il faut oser ce que j'ai dit. Quelle lâcheté
d'admettre dans mon âme ces pensées lénifiantes !
Entrez dans la maison, mes fils. Et celui à qui la loi divine
défend d'assister à mes sacrifices,
à lui de s'en soucier ! Ma main ne faiblira pas.
Ah ! Ah !
Non, mon cœur, non, pas toi, n'exécute pas ce crime !
Laisse-les, malheureux, épargne ces enfants.
S'ils vivent même séparés de nous, ils feront ta joie.
Non, par les génies vengeurs de l'Hadès !
Il n'est pas concevable que je livre mes fils
aux outrages des ennemis.
De toute façon, le sort en est jeté. Plus moyen d'échapper.
Déjà, la couronne est sur sa tête, et dans ses voiles,
la princesse se consume, j'en suis sûre.
Eh bien, puisque je vais prendre la voie la plus funeste
et leur en faire suivre une plus funeste encore,
je veux dire adieu à mes fils. Donnez, mes enfants,
donnez votre main droite à embrasser à votre mère.
Ô main chérie, bouche chérie,
noble figure, noble visage de mes enfants,
soyez heureux, mais là-bas[47] ! Votre bonheur ici,
votre père vous l'a pris. Ô délicieuse étreinte,
tendre peau, douce haleine de mes enfants !
Partez, partez ! *(Les enfants rentrent).* Je ne peux plus soutenir
la vue de mes fils. Je succombe à mes malheurs.
J'ai conscience du crime que je vais oser,
mais la passion est plus forte que mes résolutions,
et c'est elle qui cause aux humains les pires des maux.

47. Médée veut dire évidemment « dans la mort », « dans le monde infernal ». Ses enfants sont censés comprendre « au palais », par opposition à « ici, avec moi ».

Le Chœur[48]

Bien souvent déjà,
je suis entrée dans des propos subtils
et j'ai abordé de graves débats,
plus qu'il ne sied à la gent féminine de s'en préoccuper.
C'est que nous avons, nous aussi, notre Muse,
qui nous entretient de sagesse.
Nous toutes ? Non, car dans la race des femmes,
il en est bien peu qui ne soient pas étrangères
aux Muses : on en trouverait peut-être une seule sur un grand nombre.
Je prétends donc que ceux des mortels qui
ne savent pas ce que c'est que d'avoir des enfants
l'emportent en bonheur
sur ceux qui en ont eu.
Ceux qui n'ont pas d'enfants et qui, de ce fait, ne savent pas s'ils
apportent aux mortels joie ou chagrin,
se voient, par cette absence,
épargner bien des peines.
Mais ceux qui ont dans leur maison
une douce floraison d'enfants, je les vois usés
par le souci tout le temps de leur vie,
à se demander d'abord comment les élever dignement,
et laisser de quoi vivre à leur progéniture.
Et puis, est-ce pour de mauvaises natures
ou pour des gens de bien qu'ils peinent ainsi ?
Impossible de le prédire.
Mais le pire de tous les maux,
pour tous les mortels, je dois encore le dire.
Admettons : ils ont trouvé des ressources suffisantes,
leurs enfants ont atteint la fleur de la jeunesse
et sont devenus des gens de bien. Mais si tel est
le destin, la mort se met en route et emporte

48. Cet interlude en anapestes récités prend ici la place d'un chant du chœur (stasimon).

dans l'Hadès le corps des enfants.
Quel profit y a-t-il donc à ce que, mettant un comble à leurs maux,
les dieux infligent aux mortels,
pour leurs enfants,
ce chagrin supplémentaire,
le plus cruel de tous ?

MÉDÉE

Mes amies, cela fait un moment que j'attends l'événement
et que je me demande comment les choses vont tourner là-bas.
Justement, je vois venir ici l'un des serviteurs
de Jason. Il est hors de souffle.
C'est le signe qu'il va annoncer un malheur extraordinaire.

(Un serviteur de Jason entre à pas précipités.)

LE MESSAGER

Toi qui, au mépris de toutes les lois, as accompli un acte effroyable,
Médée, fuis ! Fuis par tous les moyens
que tu pourras, char marin ou véhicule terrestre.

MÉDÉE

Que se passe-t-il donc pour que je doive fuir ?

LE MESSAGER

La jeune princesse est morte, à l'instant,
avec Créon, son père : voilà l'œuvre de tes poisons.

MÉDÉE

Quelle merveilleuse parole ! Elle te vaudra de compter
désormais au nombre de mes bienfaiteurs et de mes amis.

Le Messager

Que dis-tu ? As-tu bien ta raison ? N'es-tu pas folle plutôt, femme ?
Tu as dévasté le foyer des rois,
et tu te réjouis à cette nouvelle, au lieu de prendre peur ?

Médée

J'ai moi aussi des choses à dire
pour contrer tes propos. Mais ne te hâte pas trop,
mon ami, raconte : comment ont-ils péri ? Tu redoubleras
ma joie, s'ils sont morts d'une mort affreuse.

Le Messager

Lorsque tes enfants, ta double lignée, furent arrivés
avec leur père et entrés dans la maison des nouveaux mariés,
nous en fûmes tout réjouis, nous les serviteurs qui souffrions
de tes malheurs. Tout de suite, d'une oreille à l'autre, le bruit se [répandait
que ton époux et toi, vous aviez enterré votre querelle passée.
On embrassait, qui la main, qui la tête blonde
de tes fils. Moi-même, dans ma joie,
je suivis les enfants jusqu'aux appartements des femmes.
La maîtresse qu'aujourd'hui nous honorons à ta place,
avant d'avoir vu le couple des enfants,
attachait sur Jason un regard plein d'ardeur.
Mais ensuite, elle se cacha les yeux
et détourna sa joue blanche,
remplie d'horreur à l'entrée de tes fils. Ton époux
s'efforçait de dissiper l'humeur et la colère
de la jeune femme en disant : « Ne vas-tu pas
cesser de te montrer hargneuse envers des amis,
mettre fin à ton ressentiment, et tourner de nouveau la tête par ici,
en traitant comme des amis ceux qui sont chers à ton époux ?
Accepte ces présents, et demande à ton père
d'épargner l'exil à ces enfants, pour l'amour de moi. »

Mais lorsqu'elle vit la parure, elle n'y tint plus
et accorda tout à son mari. Et, avant que
les enfants et leur père se soient beaucoup éloignés de la maison,
elle avait pris le voile chatoyant pour s'en envelopper.
Ayant posé la couronne d'or sur ses boucles,
à la clarté d'un miroir, elle arrange sa chevelure
et salue en riant l'image sans vie de sa personne.
Ensuite, elle se lève de son fauteuil et parcourt
sa chambre, en posant délicatement son pied éclatant de blancheur,
transportée de joie par les présents ; et mainte et mainte fois,
elle se dresse sur la pointe des pieds et jette les yeux sur ses talons.
Mais alors, ce fut un spectacle horrible à voir.
Son teint change et, le corps incliné,
elle revient sur ses pas, tremblant de tous ses membres ; à grand peine,
elle parvient à se jeter sur son fauteuil avant de tomber à terre.
Une vieille servante, croyant sans doute que c'était là
un accès envoyé par Pan[49] ou par quelque autre dieu,
lance le cri rituel. Mais ensuite, elle voit
lui venir à la bouche une écume blanche, ses yeux
se révulser, le sang se retirer de la surface de sa peau.
Alors, changeant de ton, elle fait retentir, au lieu de son cri de prière,
de grandes lamentations. Aussitôt, une servante s'élance
vers la demeure du père, l'autre, vers le nouvel époux,
pour lui annoncer le coup qui la frappe ; la maison
tout entière résonne de courses précipitées.
Déjà, un coureur rapide, en pressant le pas, aurait parcouru les [six plèthres[50]
du stade et atteint la ligne d'arrivée,
quand retrouvant la voix et rouvrant les yeux,
la malheureuse princesse revint à elle, dans un gémissement [horrible.

49. Dieu agreste, considéré comme l'agent des frayeurs subites et des attaques de folie (d'où le mot panique).

50. Le plèthre est une unité de longueur qui équivaut à un sixième du stade (un stade = environ 190 mètres).

Elle subissait les assauts d'un double mal.
La tresse d'or qui ceignait sa tête
lançait un flot prodigieux de feu dévorant,
et les voiles légers, cadeaux de tes enfants,
mordaient la chair blanche de l'infortunée.
Elle se lève de son fauteuil et s'enfuit, tout en feu,
secouant en tous sens sa tête et ses cheveux
pour en arracher la couronne. Mais l'or tenait
ses nœuds fermement soudés et, plus elle secouait
sa chevelure, plus le feu redoublait d'intensité.
Elle tombe sur le sol, vaincue par le malheur,
totalement méconnaissable, sauf pour l'auteur de ses jours.
On ne distinguait plus ni la forme de ses yeux,
ni la beauté de son visage ; du sommet de sa tête,
des gouttes de sang tombaient, mêlées au feu ;
les chairs coulaient des os, comme les larmes des pins,
sous les dents invisibles du poison.
C'était un spectacle d'horreur. Tout le monde avait peur de toucher
au cadavre, car son sort nous servait de leçon.
Mais son père, le malheureux, ignorant le désastre,
entre soudain dans la chambre et se jette sur le cadavre.
Aussitôt, il se met à gémir, il l'enlace
et l'embrasse en lui disant : « Ma pauvre fille,
lequel des dieux t'a fait périr aussi ignoblement ?
Qui a fait de ce vieux mort-vivant un orphelin,
privé de toi ? Ah, je voudrais mourir avec toi, mon enfant ! »
Quand il eut fini les plaintes et les pleurs,
il désira redresser son vieux corps ;
mais, comme le lierre entourant des rameaux de laurier,
il restait attaché aux voiles légers. C'était une lutte horrible :
il voulait redresser ses genoux
et elle, à l'opposé, le retenait. Et s'il tirait violemment,
il arrachait de ses os ses vieilles chairs.
Il finit par abandonner et, condamné, laissa partir
son âme. Il ne pouvait plus l'emporter sur le mal.

Les cadavres sont étendus, la fille et son vieux père,
l'un près de l'autre. Le désastre éveille le désir des larmes.
Ton sort à présent, je ne veux pas m'embarrasser à en parler.
Tu découvriras toute seule les représailles punitives.
La vie humaine n'est qu'une ombre, ce n'est pas une découverte [pour moi,
et je n'hésiterai pas à dire que ceux qui passent
pour sages, les experts en discours,
méritent d'être taxés de la plus grande sottise.
Parmi les mortels, il n'existe pas une personne heureuse.
Le flot de la prospérité peut sans doute rendre l'un
plus fortuné que l'autre. Mais heureux, non.

(Il sort.)

Le Chœur

On dirait que la divinité inflige en ce jour
à Jason bien des maux qu'il n'a pas volés.
Ah ! malheureuse, comme nous avons pitié de ton infortune,
fille de Créon, toi qui pars vers les portes d'Hadès
à cause de ton mariage avec Jason.

Médée

Mes amies, ma décision est prise : au plus vite,
je tue mes enfants et je quitte ce pays.
Je ne veux pas, en prenant trop de temps,
les exposer au risque d'être abattus par une main plus hostile que [la mienne.
De toute façon, il est nécessaire qu'ils meurent ; et puisqu'il le faut,
c'est nous qui les tuerons, tout comme nous les avons mis au monde.
Allons, mon cœur, arme-toi ! Pourquoi tarder
à accomplir le crime, horrible autant que nécessaire ?
Va, ma pauvre main, prends l'épée,
prends-la, marche vers la barrière qui ouvre sur une vie de douleur.

Ne sois pas lâche ! Évite de te rappeler que ces enfants
sont ton bien le plus cher, que tu leur as donné naissance.
Pour la brève durée de ce jour, oublie tes enfants,
et ensuite, pleure. Car même si tu les tues, tu les
aimais. Une malheureuse, voilà ce que je suis.

(Elle entre dans la maison.)

CINQUIÈME STASIMON

str. 1 *Ô Terre, rayon éclatant*
du Soleil, de là-haut, regardez, regardez la femme
pernicieuse, avant qu'elle ne porte sur ses enfants
une main meurtrière, qui tue sa propre chair.
De ta race d'or, ils sont un rameau.
Horreur ! Voir le sang d'un dieu
tomber sous les coups des hommes !
Ô lumière née de Zeus, retiens,
arrête, chasse de la maison cette femme, transformée
par les démons vengeurs en une Érinye[51] *misérable et meurtrière.*

ant. 1 *C'est en vain que tu as connu les peines maternelles, en pure perte !*
en vain que tu as mis au monde une lignée chérie,
ô toi qui as laissé derrière toi le passage, inhospitalier entre tous,
des roches Symplégades, couleur bleu nuit.
Malheureuse ! Pourquoi cette lourde colère
s'abat-elle sur ton âme ? Pourquoi la haine meurtrière
s'y est-elle installée ?
Elle est funeste aux mortels, la souillure d'un sang familial.
Toujours elle éveille, contre les meurtriers de leur propre race,
des douleurs à la mesure de leur crime, que les dieux font tomber sur leurs maisons.

51. Les Érinyes sont les divinités de la vengeance et elles interviennent en particulier dans les cas de meurtres entre parents. L'assimilation de Médée à une Érinye fait d'elle une figure emblématique de l'esprit de vengeance.

Les enfants *(de l'intérieur)*

Au secours !

Le Chœur

str. 2 *Entends-tu le cri des enfants ? L'entends-tu ?*
Ah malheureuse ! Ah, femme au sombre destin !

Un enfant

Ah ! Que faire ? Où aller pour échapper aux mains de ma mère ?

L'autre enfant

Je ne sais pas, frère chéri ! Nous sommes perdus.

Le Chœur

Dois-je entrer dans la maison ? Il faut sauver les enfants
du meurtre, je pense.

Un enfant

Oui, par les dieux, sauvez-nous. C'est maintenant ou jamais.

L'autre enfant

Car le piège se referme, l'épée nous atteint.

Le Chœur

Malheureuse ! Tu es donc de pierre, ou de fer,
toi qui vas tuer de ta propre main ces enfants,
cette moisson que tu avais enfantée.

ant. 2 *Une seule femme, une seule, dans le passé,*
dit-on, a porté la main sur ses enfants chéris,

Ino[52], frappée de folie par les dieux, quand l'épouse
de Zeus l'eut chassée de chez elle, la livrant à l'errance.
Elle se jette, la malheureuse, dans l'étendue marine,
infligeant une mort impie à ses enfants.
D'un bond elle franchit le bord de la falaise
et périt avec ses deux enfants.
Après cela, que pourrait-il encore arriver d'effrayant ?
Ô lit des femmes, qui cause tant de peines,
que de maux tu as déjà valus aux mortels !

52. Fille de Cadmos et d'Harmonie, et seconde épouse d'Athamas, roi d'Orchomène en Béotie, Ino a été frappée de folie par Héra pour avoir protégé le jeune Dionysos, né des amours de Zeus et de sa sœur Sémélé. Euripide s'écarte de la version la plus courante, selon laquelle elle ne se serait jetée dans les flots qu'avec un seul de ses enfants.

EXODOS[53]

(Entre Jason.)

JASON

Femmes, vous qui êtes ici, sur le seuil, dites-moi,
est-elle encore dans la maison, celle qui a accompli l'horrible crime,
Médée, ou a-t-elle fui ailleurs ?
Il faudrait vraiment qu'elle soit cachée sous la terre,
ou qu'elle ait des ailes pour s'élever vers les profondeurs de l'éther,
si elle ne veut pas payer sa faute à la maison royale.
Croit-elle qu'après avoir tué les princes du pays,
elle s'enfuira de cette maison sans subir de châtiment ?
Mais je me soucie moins d'elle que des enfants.
Elle, ses victimes lui rendront mal pour mal.
Mais je suis venu sauver la vie de mes fils ;
j'ai peur que les parents du roi ne s'en prennent à eux
pour leur faire payer le crime abominable de leur mère.

LE CHŒUR

Ah ! mon pauvre, tu ne connais pas toute l'étendue de tes malheurs,
Jason. Sinon, tu n'aurais pas parlé de cette façon.

JASON

Qu'y a-t-il ? Veut-elle me tuer à mon tour ?

53. Terme technique repris d'Aristote, qui désigne toute la partie finale de la tragédie, après le dernier chant du chœur.

LE CHŒUR

Tes fils sont morts, de la main de leur mère.

JASON

Ah ! Que veux-tu dire ? Tu m'as anéanti, femme.

LE CHŒUR

Tes enfants ne sont plus : ta sollicitude va à des morts.

JASON

Où les a-t-elle tués ? Dans la maison, ou au dehors ?

LE CHŒUR

Ouvre les portes ; tu verras le massacre de tes enfants.

JASON

Tirez les verrous au plus vite, serviteurs,
retirez les chevilles, que je voie mon double malheur,
eux qui sont morts, et elle… Elle va me le payer.

(Médée apparaît en hauteur sur le char du Soleil,
avec les cadavres de ses deux enfants.)

MÉDÉE

Pourquoi secouer ces portes et vouloir les forcer,
si tu cherches des cadavres et moi qui ai tout fait ?
Cesse de te donner cette peine. Tu as besoin de moi ?
Dis ce que tu veux ; mais jamais ta main ne me touchera.
Tel est le char que le Soleil, père de mon père,
m'a donné : un rempart contre une main ennemie.

Jason

Monstre, de toutes les femmes, la plus exécrable
aux dieux, à moi et à tout le genre humain !
Toi qui, sur tes enfants, as osé porter l'épée,
toi leur mère, toi qui me tues, en me laissant sans fils.
Et après ce forfait, tu contemples encore le Soleil
et la Terre, quand tu as osé l'acte le plus impie !
Mort à toi ! J'ai toute ma raison à présent, mais je l'avais perdue,
le jour où, de chez toi et de ta terre barbare,
je t'ai amenée dans une maison grecque, un terrible fléau, déjà,
puisque tu avais trahi ton père et la terre qui t'avait nourrie.
Le génie vengeur attaché à toi, c'est sur moi que les dieux l'ont lancé.
Car tu avais tué ton frère, à ton propre foyer,
quand tu es montée sur la nef Argo à la belle proue.
C'est par là que tu as commencé. Et voici que, devenue mon épouse,
oui, de moi qui te parle, après m'avoir donné des enfants,
tu les as sacrifiés à ton union et à ton lit.
Jamais une femme grecque n'aurait osé
cela… Et pourtant, sur elles, j'ai jugé bon de te donner
le pas, pour t'épouser, alliance odieuse et funeste pour moi,
avec une lionne, oui, et non pas une femme, dotée d'un naturel
plus sauvage que Scylla[54] la Tyrrhénienne.
Mais j'aurais beau lancer contre toi mille injures,
tu n'en ressentirais aucune morsure, telle est l'impudence de ta nature.
Disparais, scélérate, qui t'es souillée du sang de tes enfants !
Quant à moi, je n'ai plus qu'à gémir sur mon destin :
de mes récentes noces, je ne jouirai pas,
et les fils que j'avais engendrés et nourris,
je ne les aurai plus vivants pour leur adresser la parole : je les ai perdus.

54. L'un des deux monstres marins situés de part et d'autre du détroit de Messine (l'autre est Charybde). Elle est représentée dans l'*Odyssée* comme une créature sauvage, qui dévore plusieurs des compagnons d'Ulysse. La référence à Scylla est également appliquée par Eschyle à Clytemnestre, ce qui constitue l'un des points de rapprochement entre Médée et Clytemnestre, deux femmes considérées comme particulièrement monstrueuses en raison des crimes qu'elles ont perpétrés.

Médée

Je me serais longuement étendue pour répliquer
à ces discours, si Zeus le Père ne savait pas
ce que j'ai fait pour toi et comment tu m'as traitée.
Tu n'allais pas, après avoir bafoué ma couche,
couler une douce existence en te riant de moi,
ni toi, ni la princesse, et celui qui te l'a donnée en mariage,
Créon, n'allait pas impunément me chasser de ce pays.
Là-dessus, appelle-moi à ta guise, lionne
et Scylla, l'habitante du sol tyrrhénien.
À ton cœur, comme il se doit, j'ai rendu coup pour coup.

Jason

Mais toi aussi, tu souffres, et tu partages mes maux.

Médée

Sache bien une chose : ma douleur est payante, si elle t'empêche
[de rire de moi.

Jason

Ô mes enfants, quelle mère indigne vous avez eue !

Médée

Ô mes fils, comme elle vous a détruits, la maladie de votre père !

Jason

Au moins, ce n'est pas mon bras qui les a fait périr.

Médée

Non, c'est l'outrage de ta conduite, et ta nouvelle union.

JASON

C'est à cause de ton lit que tu as jugé bon de les tuer ?

MÉDÉE

Crois-tu qu'il soit léger pour une femme ce dommage-là ?

JASON

Si elle est raisonnable, oui. Mais toi, tu fais un malheur de tout[55].

MÉDÉE

Tu les vois, ils ne sont plus. Ce sera ton tourment.

JASON

Ils sont vivants, âpres vengeurs attachés à ta tête.

MÉDÉE

Les dieux savent qui est à l'origine du mal.

JASON

Ils connaissent aussi ton esprit répugnant.

MÉDÉE

Hais-moi, mais tais-toi. Ton entretien fielleux me fait horreur.

JASON

Et à moi, le tien. Mais il est facile d'en finir.

55. Ou selon une autre interprétation : « mais en toi, tout n'est que vice ».

MÉDÉE

Comment donc ? Que dois-je faire ? Car c'est aussi ce que je [souhaite.

JASON

Laisse-moi ensevelir ces corps et les pleurer.

MÉDÉE

N'y compte pas. C'est moi qui, de ma main, les ensevelirai.
Je les porterai au sanctuaire d'Héra Akraia[56],
pour qu'aucun ennemi ne les outrage,
en renversant leurs tombes. Et à ce pays de Sisyphe,
nous donnerons une fête solennelle et des rites
à célébrer à l'avenir, en expiation de ce meurtre impie.
Pour moi, je m'en vais sur la terre d'Érechthée,
partager la maison d'Égée, fils de Pandion.
Et toi, tu mourras misérablement, comme il sied à un misérable,
la tête fracassée par un débris de l'Argo,
ayant vu l'amer dénouement de ta nouvelle union.

JASON

Que l'Érinye des enfants et la Justice sanglante
t'anéantissent !

MÉDÉE

Quel dieu, quel démon te prête l'oreille,
à toi le parjure, l'hôte perfide ?

JASON

Ah ! femme abominable, tueuse d'enfants !

56. Important sanctuaire d'Héra situé à Pérachora, dans le golfe de Corinthe.

MÉDÉE

Va chez toi enterrer ta femme !

JASON

J'y vais, privé de mes deux enfants.

MÉDÉE

Tes pleurs ne sont rien encore. Attends la vieillesse !

JASON

Ah ! mes enfants, que j'aime plus que tout.

MÉDÉE

Que leur mère aime, pas toi.

JASON

Tu les aimes, et tu les as tués ?

MÉDÉE

Oui, pour te faire du mal.

JASON

Ah ! je veux la bouche chérie
de mes enfants, pauvre de moi, pour y attacher mes lèvres !

MÉDÉE

À présent, tu leur parles, à présent, tu les cajoles,
mais tout à l'heure, tu les chassais !

JASON

Laisse-moi, au nom des dieux,
toucher la douce peau de mes enfants.

MÉDÉE

Pas question. Tu as parlé pour rien.

(Le char de Médée s'envole.)

JASON

Zeus, tu entends comme elle me repousse,
et comment elle me traite, cette lionne
abominable, tueuse de ses petits ?
Puisque c'est la seule chose qui reste en mon pouvoir,
je pleure sur ces morts et j'invoque les dieux,
je les prends à témoin : après avoir tué
mes enfants, tu m'empêches
de les toucher de mes mains et d'enterrer leurs corps.
Je préférerais ne jamais les avoir engendrés,
si c'était pour les voir morts sous tes coups.

(Il sort.)

LE CHŒUR

De bien des événements, Zeus est l'ordonnateur sur l'Olympe,
et beaucoup de choses sont accomplies par les dieux d'une manière
[imprévue.
Ce que l'on attendait n'arrive pas à son terme,
et à l'inattendu, le dieu trouve un passage.
Telle est l'issue de ce drame.

(Le chœur se dirige vers la sortie.)

TABLE DES MATIÈRES

Ce volume,
publié aux Éditions Les Belles Lettres
a été achevé d'imprimer
en juillet 2025
sur les presses de l'imprimerie SEPEC Numérique,
01960 Péronnas, France

Création graphique et mise en pages :
Rudy Nimsguerns

N° d'éditeur : 11301
N° d'imprimeur : N05425250714
Dépôt légal : octobre 2025

Imprimé en France